URSULA HEINZELMANN

CHINA

DIE KÜCHE DES HERRN WU

TRETORRI

INHALT

„LASS UNS ZU WU GEHEN!"/„LET'S GO TO WU!"

Ob auf deutsch, englisch oder in unzähligen anderen Sprachen haben diese Worte für viele eine geradezu elektrisierende Wirkung. Vordergründig betrachtet handelt es sich dabei um den Vorschlag, ins Berliner Restaurant Hot Spot zu gehen. Tatsächlich stehen sie aber für horizonterweiternde Wein- und Essenserlebnisse, die regelmäßig für Staunen sorgen, unabhängig vom kulturellen Background der Angesprochenen. Deswegen stehen das Hot Spot und Wu nicht nur bei Sterneköchen, Politikern und Diplomaten hoch im Kurs, sondern auch bei großen Teilen der deutschen Weinszene.

Was Herr Wu in seinem Restaurant zaubert, lässt sich am Treffendsten mit kultureller Synergie beschreiben. Auf der einen Seite steht die traditionelle Küche seiner chinesischen Heimat, auf der anderen Seite einige der besten und edelsten Weine aus Europa – obgleich es viel spezifischer ist, als diese Beschreibung vermuten ließe. Diese zwei Welten könnten einfach aufeinander prallen, führen bei Wu aber in Synthese zu einem wahren Feuerwerk – übrigens ein alter Import aus China!

Ein kulinarisch-kulturelles Zusammentreffen mit einem Buch wie diesem aus dem Kontext des Restaurants zu heben, ist ein gewagtes Unterfangen. Ursula Heinzelmann hat sich nicht nur mit der chinesischen Kochkultur beschäftigt, sondern dies auch ganz bewußt im uns vertrauten Kontext der europäischen Kochkultur getan. Sie hat die Rezepte in eine leicht begreifbare und durch ihre lange gastronomische Erfahrung auch zuhause leicht umsetzbare Form gebracht. Ich weiß aus persönlicher Erfahrung, wie gut diese Rezepte in einer normalen deutschen Küche funktionieren. Die bei Wu so wichtige Wein-Dimension kommt dabei ebenso anschaulich und deutlich zum Ausdruck.

Ein Wort zum Chili, einem wichtigen Thema in den Rezepten des Herrn Wu. Es wird oft behauptet, dass man aufgrund der Chilischärfe in vielen chinesischen Gerichten den Wein „sowieso nicht schmecken könne". Tatsächlich funktioniert Chili jedoch ganz anders als etwa Knoblauch, der mit seinem extrem starken Eigengeschmack den Wein tatsächlich „plattmachen" kann. Das Schärfegefühl des Chilis ist hingegen nichts anderes als eine chemische Irritation der Zungenoberfläche. Von der Aromatik her dominiert Chili den Wein ganz selten, aber natürlich muss man die Chili-Irritation aushalten, wenn das Erlebnis positiv sein soll. Die Gerichte in diesem Buch reichen von wirklich mild, beinahe süßlich bis hin zu extrem chilischarf. Wie weit man dabei gehen möchte, ist letztendlich jedem selbst überlassen.

Im Hot Spot und in diesem Buch begegnet man einem ganz anderen Geschmacksuniversum als dem im Westen üblichen. Es ist die Einladung zu einer Reise in ein Parallel-Universum, wo Europa und China sich zu einem überraschenden neuen Gebilde vereinen.

Ich wünsche Ihnen viel Freude dabei! Ihr STUART PIGOTT

KULINARISCHE VÖLKERVERSTÄNDIGUNG IN BERLIN

Ein oft zitiertes chinesisches Sprichwort sagt, dem Volk sei das Essen der Himmel. Wenn dann noch guter Wein dazu kommt, dann muß das wohl das Paradies sein, und das Hot Spot in Berlin ein Vorgeschmack darauf. Denn bester Wein im Glas, vor allem Riesling aus Deutschland, und dazu grandioses chinesisches Essen, gänzlich unprätenziös präsentiert, das ist das Hot Spot. Herr Wu und Frau Wang, wie auch engste Freunde die Besitzer nennen, leben seit über dreißig Jahren in Berlin, und es ist ihnen gelungen, einen ganz außerordentlichen Ort der Völkerverständigung zu schaffen. Das Geheimnis hinter diesem Erfolg, der sich in einer Seitenstraße des Kurfürstendamms verbirgt, lautet Offenheit, Diplomatie und Beharrlichkeit. Hier ist jeder willkommen, vom Handwerker fürs schnelle Mittagessen über die Familie zur Geburtstagsfeier bis zu Geschäftsleuten. Auch unter Winzern und Köchen ist das Hot Spot ein angesagter Treffpunkt – zur Zehnjahresfeier kochte im Sommer 2017 eine ganze Riege prominenter Gastro-Namen.

ESSEN IST IN CHINA NICHT NUR EIN WICHTIGES, SONDERN EIN ZENTRALES THEMA.

Chinesen gehen ebenso gerne und gut essen wie Franzosen oder Italiener und geben dafür bereitwillig Geld aus. Aber guter gereifter Wein ist in China sehr schwer zu beschaffen, sagt Herr Wu – und freut sich umso mehr über das hiesige Angebot. Jeder darf hier übrigens eine besondere Flasche mitbringen, so lange Herr Wu auch ein Glas davon bekommt.

CHINA IST EIN UNVORSTELLBAR GROSSES, VIELFÄLTIGES UND SPANNENDES LAND.

Es ist nicht das einfachste Reiseland – selbst für Chinesen tun sich zwischen Nord und Süd, also Mandarin und Kantonesisch und den unzähligen Dialekten immer wieder Sprachbarrieren auf. Im Hot Spot hingegen kann man sich einfach zurücklehnen und mit den Stäbchen in der Hand (oder auch Gabel und Löffel, das ist vollkommen in Ordnung) von Shanghai über Jiangxi und Hangzhou bis nach Sichuan reisen. Denn natürlich gibt es nicht eine chinesische Küche als solche, dafür ist dieses Land geographisch und klimatisch viel zu komplex. Sie setzt sich aus vielen, teils extrem unterschiedlichen Kulturen zusammen. Generell heißt es, an der Küste würde man milder essen als im Landesinneren und in den Bergen.

Frau Wang kommt aus Shanghai, und die Megacity im Osten Chinas ist ganz besonders bekannt für ihre Vorliebe fürs Süße und Süßsaure. Herr Wu hingegen ist gut 400 Kilometer südwestlich von Shanghai bei Quzhou auf dem Land am Wuxi-Fluß bei Jiangxi aufgewachsen. Dort ist Schärfe ein unverzichtbares Element: Herr Wu braucht Chili im Essen wie ein Bayer den süßen Senf zur Weißwurst. „Einer unserer Lieblingssnacks als Kinder," erzählt er, „waren richtig scharfe grüne Peperoni, einfach gebraten, mit ein wenig Salz und vielleicht einem Tropfen Sojasauce." Das Vergnügen ist ihm heute noch anzusehen. Die für ihre Schärfe bekannten Provinzen Hunan, Jiangxi und Yunan und die Sichuan-Küche im Westen Chinas, die Chili mit nervenbetäubendem Pfeffer zur Mala-Schärfe kombiniert, gehören zu den vielen Facetten seiner kulinarischen Welt. Trotzdem versteht er es, europäischen Gaumen gegenüber Milde walten zu lassen. Das große rote Siegel über der Tür des eher schlichten Lokals steht für eine unnachahmliche Mischung von scharf und mild, Engagement, Begeisterung und Pragmatismus. Dazu gehört auch, daß alle, auch sehr gute Freunde, Herrn Wu stets nur als Wu ansprechen, statt seinen Vornamen Jianhua zu benutzen. Das entspricht zwar auch chinesischen Gepflogenheiten, hat aber vor allem damit zu tun, dass die wenigsten Europäer Jianhua (ebenso wie Frau Wangs Vornamen Huiqin) annähernd korrekt aussprechen können.

DIESE PRAGMATISCHE EINSTELLUNG BESTIMMT AUCH DIE REZEPTE IN DIESEM BUCH.

Einige sind ein wenig aufwändiger und verlangen vielleicht etwas Zeit, Improvisation und Beschaffungskünste, aber alle sind machbar und manche richtiggehend einfach – vor allem aber sind alle köstlich. Es handelt sich um Klassiker, die Chinesen sehr vertraut sind und doch in unzähligen persönlichen Varianten in die Eßschälchen kommen. Herr Wu und Frau Wang kochen nicht selbst, sondern engagieren Köche aus China (die aus visatechnischen Gründen alle vier Jahre wechseln, was immer für viel Extra-Aufwand und Mühe sorgt). Über die Jahre hat sich im Hot Spot ein ganz eigener Stil entwickelt, der den hiesigen Möglichkeiten und Erwartungen Rechnung trägt – nichts zu Exotisches, und alles muß ohne allzu großen Aufwand zu beschaffen sein – aber auch ihren Grundprinzipien: Frische und Präzision.

Bis zu diesem Buch, für das wir viele Morgen- und Nachmittagsstunden in der Küche verbracht haben, den einzigen möglichen Zeitfenstern im eng gedrängten Tagesablauf des stets gut besuchten Restaurants, gab es keinerlei schriftliche Aufzeichnungen der Hot Spot-Rezepte. Weder auf deutsch, noch auf chinesisch oder in irgendeinem Dialekt.

WISSEN UND ERFAHRUNG WERDEN IN CHINA VOR ALLEM MÜNDLICH UND PRAKTISCH WEITERGEGEBEN.

So wie auch nur wenige Menschen in einer der vielen chinesischen Großstädte auf Karten starren, um sich zurechtzufinden. Man spricht miteinander, trotz aller Sprachhürden! Geht man in China ins Restaurant – von denen es eine unglaubliche Bandbreite gibt, vom Imbiß in einer Garage, der die Nachbarschaft morgens mit heißer Schweinesuppe und gefüllten Teigtaschen versorgt, bis hin zur schicken Trendlocation - dann ist die Diskussion, welche Gerichte gerade besonders gut sind, wie sie genau zubereitet werden sollen und wie alles am besten zusammenpassen könnte, eine sehr vergnügte Angelegenheit, die möglichst lange ausgekostet wird. Das Abwägen und Aushandeln wird von allen Beteiligten als mindestens ebenso großer Genuß empfunden wie die eigentliche Mahlzeit. Dabei sind Ort, Jahreszeit, Optik und Tastsinn genauso maßgeblich wie der Geschmack. Trotzdem wird nicht zelebriert – und natürlich herrscht auch im Hot Spot mal Stress, der „Fünfe gerade sein lässt".

Ein chinesischer Kochprofi beherrscht unglaublich viele verschiedene Schnittarten. Von Diamant- bis Pferdeohrenform, doch würde es den Rahmen dieses Buchs komplett sprengen, sie alle ausführlich zu erklären. Und es ist auch gar nicht nötig, es genügt zu wissen, dass es dabei erstens um gleichmäßiges, meist schnelles Garen geht, zweitens um handliche Stückchen für das Essen mit Stäbchen, und drittens, ebenso wichtig, um ein ansprechendes Gesamtbild. Diese Rezepte genügen chinesischen Standards und sind doch auch für Europäer nachkochbar. Ingwer schneiden, Auberginen putzen, ein Huhn zerteilen: Jeder einzelne Schritt ist wichtig.

DAS AUGE SOLL GENAUSO VIEL SPASS HABEN WIE DER GAUMEN.

Wenn man dieses grundlegende Prinzip verinnerlicht und befolgt, dann trifft man mit ein klein wenig Übung im jeweiligen Moment selbst die richtige Entscheidung, findet zu richtigem Maß und Ausgewogenheit. Das entscheidet letztendlich über das Gelingen: nicht Prinzipienreiterei in Sachen Authentizität, sondern die Freude, die man beim Planen, am Herd und am Tisch mit ihnen hat.

Denn Rezepte sind nur ein Teil im großen Puzzlespiel der Kulinarik. Herr Wu drückt es so aus: Kochen ist Mathematik und Physik, aber wenn man ausschließlich danach kocht, dann schmeckt es nicht. Man muss sich mit dem Leben im Allgemeinen beschäftigen, nicht nur mit Kochtechniken. Eigene Ideen, der eigene Verstand und die Gefühle müssen mit an den Herd. Es hilft natürlich auch, mehr über Hintergrund und Geschichte bestimmter Gerichte zu wissen.

Denn vieles ist in China ebenso symbolisch wie für uns die Kerzen auf dem Geburtstagskuchen: Die runden Klebreisbällchen stehen für den Zusammenhalt der Familie, lange Nudeln für ein langes Leben. Die Kochstunden haben deshalb nicht nur eine Sammlung chinesischer Rezepte zum Nachkochen ergeben, sondern auch einen Einblick in die chinesische Geschmackswelt, ein Einstieg in diese so faszinierende, manchmal sehr fremde Kultur.

HERR WU IST EIN FEINER BEOBACHTER, ER WEISS NACH ALL DEN JAHREN SEHR GENAU UM DIE DEUTSCHEN GEPFLOGENHEITEN, VORLIEBEN UND ABNEIGUNGEN.

Deshalb gibt es bei ihm keine Bilder an der Wand zur Orientierung bei der Bestellung, sondern eine ausführliche Speise- und Weinkarte, in denen der nichtchinesische Gast ganz in Ruhe stöbern kann. Anders als in China, wo selbst Restaurants gehobener Klasse oft sehr groß, laut und wuselig sind, ist das Hot Spot eher klein und europäisch „gemütlich“. Das chinesisch-authentische Original eines Gerichts ist zweitrangig, wichtig sind die Gäste hier in Berlin. Ein gutes Beispiel ist der Shuizhu Yu, der heiße Topf mit Fisch und Gemüse in scharfer Brühe. In China würden die Gäste reklamieren, wenn der nicht mit einer richtig dicken Schicht Öl bedeckt auf den Tisch kommt. Im Hot Spot verhält es sich genau umgekehrt, zuviel Fett ist ein Problem. Nach all den Jahren akzeptiert Herr Wu vieles, auch wenn es ihn eigentlich verwundert: „Knochen und Knorpel, das ist schwierig, zuviel Fett auch, und was einmal im Mund ist, das kommt nicht wieder raus, selbst wenn man sich an der heißen Suppe den Mund verbrennt!“

Doch in anderen Dingen vertritt er sehr klar seine Überzeugung, etwa zum Thema Glutamat, dem berüchtigten weißen Pulver, das auch als Geschmacksverstärker bezeichnet wird und für Umami-Tiefe im Essen sorgt. „Das ist grundsätzlich nicht notwendig,“ sagt Herr Wu mit Nachdruck, das Hot Spot ist eine pulverfreie Zone. Glutamat ist kein traditioneller Bestandteil der chinesischen Gewürzkiste, sondern hat sich erst im Laufe des vergangenen Jahrhunderts als Ersatz für gute Zutaten, deren sorgfältige Zubereitung sowie einfühlsames Abschmecken eingeschlichen. Von jeher bilden in chinesischen Küchen von Natur aus umami-starke Ingredienzien wie Sojasauce, getrocknete Pilze oder fermentierte schwarze Bohnen eine wichtige Rolle, legen die Grundlage für geschmackliche Komplexität. Als wichtigster „Geschmacksverstärker“ brodelt mitten in der Küche des Hot Spot stets ein großer Topf mit Suppenhühnern leise vor sich hin. Allmorgendlich frisch angesetzt, erübrigt diese hocharomatische Brühe jegliche Tricks und Pülverchen.

Ebenso fiel mir während unserer Kochsessions das Schälchen mit angerührtem Kartoffelmehl auf, das immer in Reichweite des Herds steht. Im ersten Moment hat mich das überrascht. Die Verwendung von Stärke jeoch kein Zeichen von „Faulheit“ oder „Schlamperei“, sondern eine etablierte Methode der klassischen chinesischen Küche. Lange Zeit waren China-Restaurants hierzulande nicht zuletzt durch übermäßig mit Stärke gebundene, pampige Saucen in Verruf geraten. Doch ein wenig (wohlgemerkt, ein wenig!) Stärke im letzten Moment zusammen mit einem winzigen Spritzer Öl lässt die Sauce glänzen. Ohne diesen Glanz würde der süßsaure Fisch wohl genauso gut schmecken, wäre aber nur halb so schön anzusehen und somit nur das halbe Vergnügen.

ÜBERHAUPT, DIE SORGFÄLTIGE ZUBEREITUNG. DIE HOT SPOT-KÜCHE IST KEIN KONZEPT ALS SOLCHES, SONDERN EINE PERSÖNLICHE WU-WANG-AUSWAHL DER GERICHTE, DIE IM DEUTSCHEN KONTEXT MACHBAR SIND.

Es sind weit verbreitete, für Chinesen eher einfach zuzubereitende, unkomplizierte Gerichte, ähnlich wie deutsche Rouladen oder Kartoffelsuppe. „Manche Spezialitäten würden wir gerne auf die Karte setzen," sagt Herr Wu, „doch sind die Möglichkeiten in unserer Küche begrenzt und Zutaten wie Kaninchenköpfe oder Entenzungen sehr schwer aufzutreiben. Wir möchten, dass alles einigermaßen auf dem Boden bleibt und bieten deshalb lieber so etwas wie Karpfen an. Aber wir kochen immer frisch und sorgfältig – schließlich muß ein Wiener Schnitzel auch frisch aus der Pfanne serviert werden, damit es ein richtiges Geschmackserlebnis sein kann! Und wir verwenden gute Gewürze und eben geschmacksintensive Brühe.

Auch in China machen sich heute viele in der Küche das Leben viel zu einfach. Sie rösten Gewürze wie Ingwer, Knoblauch und Chili nicht mehr als erstes separat richtig an, bevor sie die anderen Zutaten dazugeben, sodass sie ihr Aroma entfalten können und für Kraft und Komplexität im Essen sorgen, sondern werfen aus Bequemlichkeit einfach alles zusammen in den Wok. Das geht zwar schneller, aber das fertige Gericht wirkt dann sehr einfach und flach in der Aromatik, und das macht sich bereits beim Duft bemerkbar. Das ist das eigentliche Geheimnis unserer Küche. Es ist wie beim Wein: Qualität kommt aus dem Weinberg, aber sie wandert nicht automatisch ins Glas."

HERR WU UND DER WEIN

„Eigentlich bin ich zum Wein gekommen, weil immer wieder Prospekte mit Weinangeboten in unserem Briefkasten landeten. Ich war total baff, wie teuer manche Flaschen waren und verstand damals überhaupt nicht, was Grand Cru, Château und all die anderen Klassifizierungsbegriffe bedeuten. Das hat mich neugierig gemacht. 1995 habe ich mir ein Weinbuch gekauft, nachgeschlagen – und dann hätte ich am liebsten sofort die fünf Premiers Grands Crus aus Bordeaux zum Probieren bestellt, von Lafite bis Latour! Aber die waren natürlich zu teuer … Schließlich habe ich eine Auswahl von zweiten, dritten, vierten und fünften Gewächsen aus der Mitte der 1980er-Jahre gekauft. Ursprünglich wollte ich die in unserem Restaurant verkaufen, aber das paßte damals in Alt-Moabit überhaupt nicht, keine einzige Flasche wurde bestellt! Und dann habe ich angefangen selber zu trinken. Diese Bordeaux-Weine waren damals wirklich super, und sie sind bis heute mein Bezugspunkt, meine Basis. Erst acht Jahre später bin ich auf die Weinregion Mosel und den Riesling gestoßen. Ein trockener Liter-Riesling von Dr. Loosen war dann lange unser Renner.

Aber jahrelang habe ich eigentlich alleine Wein getrunken, ohne Kontakt zur großen, weiten Weinwelt. Selbst nach dem Umzug in das ehemalige Steakrestaurant am Kurfürstendamm liefen die Geschäfte eher schleppend. Wir haben dann am Wochenende ein Mittagsbüffet zum Festpreis angeboten, was sehr beliebt war, aber leider auch keinen Gewinn abwarf.

IRGENDWANN TAUCHTE EIN GAST AUF, DER IMMER WIEDER ROTGESCHMORTEN SCHWEINEBAUCH UND GERÄUCHERTE TEE-ENTE BESTELLTE UND DAZU EINE FLASCHE MOSEL-RIESLING TRANK – DAS WAR FÜR UNS DAMALS ECHT EINE SENSATION!

Wir kamen ins Gespräch, tranken zusammen und fachsimpelten über Wein. Es war Christian Lohse, der Küchenchef des Sternerestaurants „Fischers Fritz" hier in Berlin. Ich nahm ihn als Koch erst gar nicht so ernst, weil ich dachte, dass erst vier oder fünf Sterne richtig etwas darstellen, wie bei Hotels … Doch dann kamen auch andere Sterneköche. Richtig entdeckt wurde das Hot Spot jedoch erst, als Lohse mit einem Fernsehteam von Spiegel TV hier im Rahmen

VDP
WINE
MAKER

einer Reihe über Sterneköche drehte, wo die so privat hingehen. Niemand hatte uns gesagt, wann die Sendung ausgestrahlt werden sollte. Doch dann füllte sich das Restaurant an jenem Tag im Januar 2009 völlig unerwartet, wir standen vollkommen unvorbereitet da, zu zweit und mit nur einem Koch, was ein Chaos! Doch ab diesem Moment kam das Geschäft richtig in Schwung.

2003 habe ich zum ersten Mal Winzer besucht. Ein chinesischer Geschäftsmann hatte mich gefragt, ob ich für ihn eine Auswahl deutscher Weine zusammenstellen könnte. Es war Hochsommer, extrem heiß, ich war ohne Navigationssystem unterwegs, und es war alles ziemlich schwierig und anstrengend. Ich hatte mir den Gault Millau-Weinführer gekauft und nach Betrieben mit mindestens drei Trauben, aber erschwinglichen Weinen gesucht, vor allem an der Mosel, weil dort schließlich so etwas wie das Zentrum der Rieslingwelt ist. Bei Jos. Christoffel Jun. hat mir der Text besonders gefallen, es klang sehr ehrlich und war kein Blabla, und vor allem gab es dort noch alte Weine zu günstigen Preisen. Also bin ich hingefahren, quasi ohne Erfahrung mit deutschen Weinen. Familie Christoffel hat mich ausgesprochen herzlich empfangen und mit Brot, Schinken und Käse bewirtet. Wir haben sofort sechs Weine probiert. Kajo Christoffel ist ein sehr fröhlicher Mensch, der gerne Witze macht. Er hat sich nie um Marketing oder Export gekümmert, und das war der Grund, warum er noch so viele alte Weine hatte.

MEINE VORLIEBE BEIM UND FÜR DEN RIESLING HAT NATÜRLICH AUCH MIT MEINEM PERSÖNLICHEN WERDEGANG ZU TUN:

Ich habe ganz am Anfang Kajo Christoffel kennengelernt und seine Weine haben mich elektrisiert, das hat sich mir eingeprägt. Natürlich kann und soll jeder selbst probieren, es gibt unendliche Möglichkeiten und so viele verschiedene Situationen. Die geschmackliche Empfindung verändert sich dauernd, und deshalb gibt es in diesem Buch auch keine konkreten Weinempfehlungen. Aber es stimmt schon, Riesling ist der große Favorit im Hot Spot. Chardonnay ist mir zu unserer Küche zu breit, Sauvignon Blanc wirkt besonders in Verbindung mit Schärfe tendenziell viel zu grasig. Weiß- und Grauburgunder sind mir nicht lebendig genug, haben nicht genug Spiel. Beim Silvaner sind mir die guten viel zu schwer und fett, die leichteren dagegen zu einfach gestrickt – oder ich hatte da einfach noch nicht die richtige Erleuchtung. Gewürztraminer und Scheurebe, die ja oft zu „asiatischer" Küche empfohlen werden, wirken für mich häufig sehr aromatisch. Riesling hingegen – der kann den Aromen auf dem Teller genau die richtige Lebendigkeit und Fruchtigkeit entgegenbringen.

Wein muss punktgenau sein, eine wirklich genaue Balance haben, muß tief und komplex um ein Grundgerüst aufgebaut sein, in Nase und Mund. Es ist nicht immer einfach, die richtigen Flaschen aufzutreiben. Ich suche nach Harmonie und Komplexität. Möglichst viele Facetten und Schichten sind wichtig, die Kombination von Kraft und verspielter Leichtigkeit. Beim Reisschnaps, den ich auch ganz gerne trinke, ist es genauso: Da gibt es die fruchtig-klare Richtung, das ist ganz nett, aber richtig spannend ist es erst, wenn herzhafte Gäraromen dazukommen. Deshalb lässt sich auch ein angeblich zehn Jahre alter Tropfen so leicht als Fälschung entlarven; er schmeckt viel zu scharf und zu einfach, zu oberflächlich.

Mit dem Essen schmecken viele Weine tatsächlich ganz anders, teilweise noch lebendiger, vor allem gereifte Rieslinge mit Restsüße. Das sind die, die mir besonders gefallen! Junge trockene Weine hingegen wirken oft härter. Allerdings bedeutet älter nicht zwangsläufig besser, wie besonders in China immer wieder gesagt wird – so viele Weine sind schon nach fünf Jahren wie leblos, haben keine Säure, keine Seele mehr …

Der Bordeaux-Stil allgemein hat sich seit meinen ersten Wein-Erfahrungen stark verändert. Aber im Gegensatz zu dem, was allgemein empfohlen wird, trinke ich Bordeaux durchaus zu scharfem Essen. Aber er muß gereift sein, junger Bordeaux, das geht nicht. Doch etwa ein älterer Haut-Médoc zu mala-scharfem Tofu, das gefällt mir, weil es sich ergänzt, die Schärfe bindet die gereiften Tannine ein, und alles zusammen wirkt harmonisch. Das ist wie beim Riesling: Wenn es gute Flaschen sind, dann haben beide dem Essen viel entgegenzusetzen und deshalb serviere ich sie so gerne hier im Hot Spot. Für mich persönlich gehört Schärfe einfach zum Essen, ansonsten schmeckt mir vieles zu langweilig und zu süßlich, und oft vermisse ich auch Salz; insgesamt fehlt bei vielem die Kraft. Aber jeder hat seine eigenen Empfindungen. Ich denke, je schärfetoleranter der Gaumen, desto trockener kann der Wein dazu sein, ohne dass er geschmacklich untergeht. Aber ich betone es nochmal: Natürlich schmecken Weine grundsätzlich anders in Verbindung mit intensivem, aromatischem Essen.

Wenn ich Weine probiere, denke ich immer ans Essen. Probeflaschen teste ich zuerst solo, dann zu mehreren Gerichten, und oft schmecken sie zuerst ganz gut, dann aber langweilig. Wein muss stimmig sein, quasi funktionieren wie ein Auto: Man setzt sich rein und fährt los. Man soll das Weintrinken nicht unnötig kompliziert machen. Weine, die Stunden vorher dekantiert werden müssen oder sonstige spezielle Aufmerksamkeit benötigen, kann ich im Restaurant grundsätzlich nicht brauchen. Das ist prima für private Gelegenheiten, aber hier viel zu aufwendig. Doch ein sehr hochwertiger Wein zu einfachem Essen, das kann sehr viel Spaß machen.

MAN MUSS NUR DEN MUT HABEN, SICH MANCHMAL ÜBER ALTHERGEBRACHTE REGELN HINWEGZUSETZEN.

Ein 1990er Margaux zu scharfer Lammhaxe oder eine gereifte Trockenbeerenauslese zu gekochten Klebreisbällchen, das macht mir viel Spaß. Ich bin ein totaler Autodidakt und als solcher sehr dankbar für die Anerkennung und Unterstützung, die ich heute erlebe. Ich verlasse mich auf den eigenen Geschmack, und das wird von vielen akzeptiert. Wichtig beim Wein sind ein geeignetes Glas und die richtige Temperatur, vor allem aber die passende Gesellschaft. Alleine essen, wenn man Hunger hat, das geht, aber alleine einen guten Tropfen trinken, das macht keinen Spaß, dazu gehören Freunde. Und Musik! Nicht diese dezente, chinesische Hintergrundmusik, die bei normalem Betrieb im Hot Spot läuft, sondern die großen europäischen Klassiker. Ich gehe dabei ebenso selektiv vor wie beim Wein. Und eines steht für mich definitiv fest: Beethovens Sinfonien und Wilhelm Furtwängler gehören zusammen, davon fühle ich mich wie magisch angezogen. Beethoven muss einfach so gespielt werden, als Gesamtheit und im Detail so vital. Aber ich höre natürlich nicht ausschließlich Beethoven. Die ersten fünf Mahler-Sinfonien mit Georg Solti, das fasziniert und entspannt mich ähnlich, Louis Armstrong und Ella Fitzgerald in Porgy and Bess sind großartig, vor kurzem bin ich aber auch auf Leonard Cohen und Old Ideas gestoßen. Ob beim Essen, beim Wein oder der Musik, am schönsten ist etwas geschmacklich sehr Komplexes und Vielschichtiges, wenn es ganz schlicht erscheint. Eine klare Brühe kann mich extrem begeistern. Man kann das auch gut mit Porzellan vergleichen. Das Design muss ausgewogen, die Glasur kann in einer Farbe gehalten sein, die Form ganz einfach. Dann kann ein blassgrüner, runder Teller ein größeres Kunstwerk sein als eine reich verzierte, aufwendig geformte große Vase. Wie ein alter Riesling, der trotzdem durch und durch lebendig ist, statt vordergründige Süße als Krücke zu nutzen. Die Süße muss subtil wirken, eher ein Schmelz von Süße und Säure sein. Lebendiges Spiel, das ist mein Hauptkriterium. Erst mit dem Alter kommt diese Lebendigkeit überhaupt erst richtig zum Ausdruck. Wenn dann der Eindruck von Frische im Mund entsteht, das ist es!"

EINE ANMERKUNG ZU DEN PORTIONSANGABEN

Diese Rezepte sind grundsätzlich jeweils für vier Portionen nach europäischer Vorstellung konzipiert. In China und auch bei Herrn Wu serviert man aber nicht ein Gericht für alle, sondern prinzipiell mindestens so viele unterschiedliche Gerichte, wie Gäste um den Tisch sitzen, um möglichst viel Abwechslung zu bieten. Die Mengen liegen dann zwischen einer und zwei bei uns üblichen Portionen. Das ist zwar aufwendig (und verlangt etwas Planung), hat aber einen entscheidenden Vorteil: Bei kurz gebratenen Gerichten aus dem Wok ist es oft sehr schwierig, eine größere Menge wirklich perfekt zuzubereiten, weil die Hitze nicht ausreicht. Typische Zutaten sind mit einem * gekennzeichnet und können im Glossar ab Seite 200 nachgeschlagen werden.

DÄMPFER
FEUERFESTE SCHÜSSELN
SIEB
ROLLHOLZ

DIE GRUND-AUSSTATTUNG

Das Zubehör in der Küche sowie die Ausstattung für Servieren und Essen wird auf den nachfolgenden Seiten näher beschrieben.

ZUBEHÖR IN DER KÜCHE

So gut wie alle Gerichte in diesem Buch lassen sich in einer durchschnittlich ausgestatteten, normalen Haushaltsküche nachkochen. Aber es hilft natürlich, wenn man weiß, womit die Profis im Hot Spot arbeiten.

WOK

Der Wok, die klassische chinesische Brat- und Schwenkpfanne mit dem runden Boden, wird traditionell direkt in ein Herdloch übers offene Feuer gehängt. Er lässt sich aber für viele Gerichte durch herkömmliche Pfannen und Töpfe ersetzen, denn das schnelle, schwenkende Braten ist nur eine der chinesischen Garmethoden. Allerdings sind Bewegungen und Hitzeverteilung im Wok gleichmäßiger. Auf Gas empfiehlt sich ein original chinesischer Wok aus Gusseisen (zu dem man einen Standring kaufen sollte). Man muss ihn zunächst mehrmals mit heißem Öl ausbrennen und gründlich abreiben.
Es ist außerdem wichtig, ihn vor jedem Braten erneut einzuölen, damit nichts kleben bleibt. Das lohnt sich auch bei normalen (nicht beschichteten) Pfannen: eine kleine Kelle Öl darin bis zum Rauchpunkt erhitzen, auskippen (lässt sich mehrmals verwenden), dann für das Gericht frisches Öl verwenden. Ein guter Kompromiss für Chinaküchen-Einsteiger sind beschichtete Wokpfannen mit gewölbtem, hochgezogenem Rand.

DECKEL

Ein passender Deckel für den Wok oder die Pfanne ist wichtig für manche Schmorgerichte oder zum Dämpfen.

DÄMPFER

Im Hot Spot gibt es einen großen runden Dämpfer, der aus einem unteren Teil fürs Wasser, einem gelochten Aufsatz und einem Deckel besteht. Zuhause lässt sich mit einem entsprechenden Aufsatz für den Wok, einen anderen großen Topf oder auch einem Bambuskorb aus dem Asialaden arbeiten, den man ggf. auf eine kleine, umgedrehte Schüssel in den Topf mit Wasser stellt.

GROSSER TOPF

Im Hot Spot kocht mitten auf dem Herd immer ein großer Topf mit zwei oder drei Suppenhühnern und liefert ständig heiße, aromatische Brühe. Plant man einen ganzen China-Abend mit einer Vielzahl von Gerichten, dann lohnt es sich, dafür Brühe aufzusetzen (siehe Rezept S. 198), die man auch gut portionsweise eingefroren bevorraten kann. Der große Topf ist aber auch wichtig, um ganze Enten oder eine große Portion Sauer-Scharf-Suppe zu kochen (die laut Herrn Wu in kleineren Mengen einfach nicht so gut gelingt).

FLACHER TOPF ZUM FRITTIEREN

Ein großer Wok mit abgeflachtem Boden dient im Hot Spot als Fritteuse, aber natürlich lässt sich dafür auch jeder große, eher flache Topf nutzen. Wer nicht viel Erfahrung mit dem heißen Fettbad hat, investiert am besten in ein Thermometer und studiert die Gebrauchsanleitung für die richtige Temperatur.

KELLEN UND SCHAUM-LÖFFEL

Kellen sind für chinesische Profis wie die Verlängerung von Arm und Hand. Sie schöpfen damit Öl und Brühe in den Wok, sammeln Gewürze und Pasten aus den bereit gestellten Töpfchen und vermeiden beim Reinigen des Woks mit dem Drahtschwamm unnötig tiefes Rückenbeugen. Da die Kellen aber vor allem auch zum Rühren dienen und daher oft im heißen Wok liegen, sollten sie hölzerne Griffe zum Schutz vor Verbrennungen haben. Schaumlöffel gibt es in China in vielen Größen und Ausführungen, groß und flach ersetzen sie ein Sieb zum Abtropfen von Vorgekochtem oder Vorfrittiertem.

DRAHTSIEB

Mit einem langen Griff und einem Haken zum Einhängen am Topfrand tut das Sieb gute Dienste, um zuvor eingeweichte Nudeln in heißer Brühe zu erhitzen.

KÜCHENBEIL

Wirkt im ersten Moment ziemlich groß (es ist in der Regel meist 30 cm lang und 10 cm hoch) und ungewohnt und lässt sich selbstverständlich durch entsprechend kleinere Messer ersetzen. Doch ist ein Küchenbeil ausgesprochen vielfältig im Einsatz, weil sich damit hacken, schneiden und mit der flachen Klinge schlagen und klopfen lässt.

ROLLHOLZ

Die Köche im Hot Spot benutzen einen ca. 20 cm langen Holzstab von gut 3 cm Durchmesser, den sie mit der einen Handfläche schnell hin- und herrollen, während die andere Hand die Teigstückchen darunter rotiert.

VENTILATOR

Wer sich an der Peking-Ente versuchen möchte, braucht einen kleinen Ventilator, um die Enten davor zum Trocknen aufzuhängen.

FEUERFESTE SCHÜSSELN

Manche Schmorgerichte und Eintöpfe werden zwar im Wok zubereitet, dann aber im Serviergefäß direkt auf der Flamme nochmals durchgekocht und zischendheiß serviert. Im Hot Spot gibt es dafür feuerfeste Tonschüsseln mit Deckel.

REISKOCHER

Macht das chinesischkochende Leben so viel einfacher! Eine äußerst lohnende Investition (siehe auch Stichwort Reis im Kapitel Einkaufen/Zutaten).

ZUM SERVIEREN UND BEIM ESSEN

Selbstverständlich lassen sich zum Beispiel süßsaures Schweinefleisch und Tofubällchen auf den gewohnten Tellern mit Messer und Gabel auch bestens genießen. Aber vielleicht möchte es ja der ein oder andere ein wenig „authentischer". Außer bei großen Bankett-Menüs gibt es nur zwei „Gänge" bei einem chinesischen Essen, nämlich Vorspeisen und Hauptgang. Die meisten Vorspeisen sind kalt und man kann sie auch schon auf den Tisch bringen, bevor die Gäste sich setzen. Die Hauptgänge werden auch im Hot Spot oft in Etappen serviert, Stövchen können hier gute Dienste leisten. In China ist es sogar oft ein gewünschter Effekt, dass die Gerichte am Tisch nicht nur warm bleiben, sondern leise weiterkochen, sodass sich ihr Geschmack konzentriert. Was im Hot Spot als Nachtisch serviert wird, ist in China übrigens eher ein Nachmittagssnack für zwischendurch.

SCHÜSSELN, PLATTEN UND TELLER ZUM SERVIEREN

Herr Wu mag es am liebsten schlicht weiß. Zuhause lässt sich alles verwenden was sich eignet und gefällt, vor allem aber flache Teller und Schüsseln unterschiedlicher Größen. Grundsätzlich stehen alle Gerichte in der Mitte des Tisches und jeder bedient sich von allem. Wer bei Herrn Wu mit Stäbchen isst, bekommt eine Schüssel auf einem kleinen Teller (der zum Ablegen von Knochen und Ähnlichem dient), bei Löffel und Gabel gibt es einen flachen Teller.

STÄBCHEN

Braune Holzstäbchen sind schlicht und schön und liegen angenehmer in der Hand als solche aus Plastik. Im familiären Kreis und auch im Hot Spot darf man mit Stäbchen beinahe alles tun, sagt Herr Wu. Man kann also schlüpfrige Teigtaschen einfach aufspießen oder mit je einem Stäbchen in der Hand aufreißen, um Essig oder Chili und Sojasauce hineinzugießen. Aber einige Tabus gibt es doch: Mit Stäbchen spielt man nicht! Und man darf sie auf gar keinen Fall in die Reisschüssel stecken. Das erinnert an die Opfer, die man den Toten darbringt – mit kleinen Leckerbissen und Räucherstäbchen – und ist deshalb pietätlos. Und in sehr formeller Atmosphäre gibt es natürlich auch gewisse Regeln zu beachten. Dafür und für die Handhabung als solche gibt es hervorragende Anleitungen im Internet.

SUPPENLÖFFEL

Suppen und sehr flüssige Gerichte werden mit großen Porzellanlöffeln gegessen. Und ja: Lautes Schlürfen ist in chinesischen Ohren ein Kompliment an die Küche, währenddessen am Ende des Essens vollkommen leere Schüsseln und Platten peinlich für den (scheinbar knickerigen) Gastgeber sind.

GETRÄNKE

Ohne Wein wäre das Hot Spot nur die Hälfte seiner selbst. Traditionell trinkt man in China aber eigentlich nichts zum Essen, sondern es gibt vorher Tee und zwischendurch vielleicht Reiswein oder -schnaps, zum Schluss oft eine klare Suppe zur Beruhigung.

Wasserstadt Zhouzhuang zwischen Shanghai und Suzhou. Mit einer Geschichte von mehr als 900 Jahren mit Häusern aus der Ming-und Qing-Dynastie.

EIN GANZ NORMALER HOT SPOT-ABEND, HERR WU SERVIERT UNKOMPLIZIERTES

VORSPEISEN

WANTANS, GEKOCHT, IN CHILI-ÖL
PIDAN MIT INGWER UND SOJASAUCE
WANTANS, FRITTIERT

HAUPTGÄNGE

KNOBLAUCH-RIND
HÄHNCHENBRUSTFILET NACH GONGBAO-ART
LÖWENKÖPFE, ROTGESCHMORT
LOTUSWURZEL

Die Füllung aus diesem Rezept verarbeitet Herr Wu auch in frittierten Wantans, die dann wahlweise als Einlage in einer Suppe oder mit Chili-Öl serviert werden.

WANTANS, GEKOCHT, IN CHILI-ÖL

FÜR 4 PORTIONEN (À 5 STÜCK)
ZUBEREITUNGSZEIT CA. 30 MINUTEN

20 g frischer Ingwer
2 Frühlingszwiebeln, nur das Grün
100 g Schweinehackfleisch
½ TL Salz
1 EL dunkle Sojasauce
1 EL helle Sojasauce
1 Eigelb
1 Paket Wantan-Blätter zum Kochen (aus Weizen- und Tapiokamehl)
Chili-Öl (S. 199)

Für die Füllung Ingwer schälen und fein hacken, Frühlingszwiebelgrün putzen, waschen und in feine Ringe schneiden. Etwas Grün für die Dekoration beiseitestellen.

Alle Zutaten mit dem Fleisch sehr gut mischen, es soll beinahe seidig-cremig glänzen. Kräftig abschmecken.
Jeweils ½ TL Füllung in die Mitte der Wantan-Blätter setzen und den Teig wie ein Bündel fest zusammendrücken, damit sie beim Kochen nicht aufplatzen. Reichlich Wasser zum Kochen bringen und die Wantans leise sprudelnd ca. 3 Minuten garen. Mit dem Schaumlöffel herausnehmen und in Brühe oder Chili-Öl und mit Frühlingszwiebelgrün bestreut servieren. Wantans lassen sich wie Teigtaschen roh einfrieren und können dann im gefrorenen Zustand direkt gekocht werden.

红油抄手

姜丝皮蛋

Pidan wird oft mit „tausendjährigen Eiern" übersetzt, aber das stimmt natürlich nicht. Es handelt sich um Enteneier, die, statt mit Hitze durch das Einlegen in alkaline Stoffe (traditionell werden kalkhaltige Erden und Holzasche verwendet) „gegart" werden. Das Eiweiß wird dadurch transparent und dunkelbraun, der Dotter blaugrau. Je nach Alter (die Eier sind nach etwa drei Monaten verzehrfertig, aber mehrere Jahre haltbar) ist der Dotter cremig und eher mild oder fester und intensiv im Geschmack. Es lohnt sich wirklich, hier alle kulturell bedingten Vorurteile abzulegen – eine grandiose neue Geschmackswelt! Dies ist die einfachste Zubereitungsart.

PIDAN MIT INGWER UND SOJA-SAUCE

FÜR 4 PORTIONEN ALS VORSPEISE
ZUBEREITUNGSZEIT CA. 10 MINUTEN

4 Pidan*
20 g frischer Ingwer
1 ½ EL helle Sojasauce
wenige Tropfen geröstetes Sesamöl

Pidan schälen, unter fließendem kaltem Wasser abspülen, um ihnen den Schwefelduft zu nehmen und sie zum Glänzen zu bringen. In Sechstel schneiden und kreisförmig auf kleinen Tellern anrichten. Ingwer schälen und in sehr dünne Streifen schneiden, über den Eiern verteilen. Sojasauce sowie Sesamöl darüberträufeln und servieren.

炸馄饨

Bei frittierten Wantans geht es vor allem um den knusprigen dünnen Teig (den niemand je zu Hause machen würde, sondern grundsätzlich fertig kauft). Die Füllung ist gewissermaßen nur das i-Tüpfelchen, sie muss ein wenig salziger sein als für größere Teigtaschen, um sich geschmacklich durchzusetzen. Packt man zu viel davon in frittierte Wantans, ist das Fleisch noch roh oder der Teig verbrannt.

WANTANS, FRITTIERT

FÜR 4 PORTIONEN (À 5 STÜCK)
ZUBEREITUNGSZEIT CA. 30 MINUTEN

20 g frischer Ingwer
1 Frühlingszwiebel, nur das Grün
100 g Schweinehackfleisch
½ TL Salz
1 EL dunkle Sojasauce
1 EL helle Sojasauce
1 Eigelb
1 Paket Wantan-Blätter zum Frittieren (nur aus Weizenmehl)

AUSSERDEM
Rapsöl zum Frittieren

Für die Füllung Ingwer schälen und fein hacken, Frühlingszwiebelgrün putzen, waschen und in feine Ringe schneiden. Alle Zutaten mit dem Fleisch sehr gut mischen, es soll beinahe seidig-cremig glänzen. Kräftig abschmecken. Jeweils ½ TL Füllung in die Mitte der Wantan-Blätter setzen, zwei Ecken zum Dreieck übereinanderschlagen, dann die äußeren Ecken zur mittelgroßen Spitze falten und die Ränder dabei fest aufeinanderdrücken. Es darf kein dicker Teigklumpen entstehen, da dieser beim Frittieren nicht durchgart.
Öl zum Frittieren erhitzen, die Wantans goldbraun backen. Das dauert maximal 1 Minute. Auf Küchenpapier abtropfen lassen und servieren.

An dieses bei Hot Spot-Stammgästen sehr beliebte Gericht gehört etwas Sambal Oelek. Aber die Betonung liegt auf dem Knoblauch …

KNOBLAUCH-RIND

蒜辣牛肉

FÜR 4 PORTIONEN
ZUBEREITUNGSZEIT CA. 45 MINUTEN

3 mittelgroße Zwiebeln
150 g Brokkoli
1 mittelgroße rote Paprikaschote
1 kleine grüne Paprikaschote
150 g Chinakohl*, nur die festen Rippen
4 mittelgroße weiße Champignons
30 g frischer Ingwer
8 große Knoblauchzehen
200 ml Rapsöl
500 g Rinder-Oberschale in sehr dünnen Scheibchen (am besten das Fleisch dafür anfrieren)
4 EL Sambal Oelek*
4 EL dunkle Sojasauce

Zwiebeln schälen und in Streifen schneiden, Brokkoli putzen, waschen und in Röschen teilen. Paprika und Chinakohl putzen, waschen und in 2 cm große Würfel schneiden, Champignons putzen und in Viertel schneiden. Ingwer und Knoblauch schälen und fein hacken.
Öl im Wok stark erhitzen, das Fleisch unter ständigem Rühren anbraten, dabei fortwährend mit dem heißen Öl übergießen. Sobald das Fleisch nicht mehr roh aussieht, das Gemüse dazugeben und ca. 1 Minute mitbraten. Mit einem Schaumlöffel alles herausnehmen und auf einem Sieb abtropfen lassen.
Öl bis auf ca. 2 EL abschütten, Sambal Oelek, Knoblauch und Ingwer darin kurz erhitzen, rühren und mischen Gemüse und Fleisch sowie die Sojasauce dazugeben, durchschwenken, rühren und anrichten.

Über die Herkunft dieses Gerichts gibt es viele Geschichten. Es ist angeblich nach einem kaiserlichen Beamten namens Ding Baozhen benannt, dessen Titel Gong Bao lautete. Während der Kulturrevolution galt dies als politisch höchst inkorrekt und das Gericht wurde daher in „schnell gebratene Hähnchenwürfel" umgetauft und sprachlich erst in den 1980ern rehabilitiert. So oder so lebt es aber davon, dass das Fleisch noch ganz saftig und zart ist, einen schönen Kontrast zur Paprika und den Nüssen bildet und das Süßsaure fein abgestimmt ist.

HÄHNCHENBRUST-FILET NACH GONGBAO-ART

FÜR 4 PORTIONEN
ZUBEREITUNGSZEIT CA. 30 MINUTEN

4 kleine Hähnchenbrustfilets ohne Haut (ca. 600 g)
1 mittelgroße rote Paprikaschote
1 mittelgroße grüne Paprikaschote
4 Chinakohlrippen*, nur die festen Rippen (etwa 150 g)
40 g frischer Ingwer
4 große Knoblauchzehen
ca. 200 ml Rapsöl
4 EL Sambal Oelek*
4 getrocknete rote Chilischoten*
2 EL Zucker
100 ml Chinkiang-Essig*
1 Prise Salz
4 EL geröstete Erdnüsse

Hähnchenbrustfilets waschen, trocken tupfen und in 3 cm große Würfel schneiden. Paprika und Chinakohl putzen, waschen und in eine ähnliche Größe wie die Fleischwürfel schneiden. Ingwer und Knoblauch schälen und fein hacken.

200 ml Öl erhitzen und das Fleisch darin kurz anbraten. Mit einem Schaumlöffel herausnehmen, die Hälfte des Öls abgießen und wieder erhitzen. Fleisch und Gemüse darin zusammen halbfertig braten, wieder mit einem Schaumlöffel herausnehmen und das Öl nahezu vollständig abgießen.

Sambal Oelek, Ingwer und Knoblauch sowie die halbierten, getrockneten, roten Chilischoten in dem restlichen Öl unter Rühren anrösten, bis alles richtig duftet. Huhn und Gemüse wieder dazugeben, mit Zucker, Essig und wenig Salz würzen und alles unter Schwenken bei starker Hitze braten. Zum Schluss ½ TL Öl zugeben, um alles richtig zum Glänzen zu bringen, und die Erdnüsse untermischen.

宫保鸡丁

红烧狮子头

Diese billardkugelgroßen Fleischbällchen sind ein Klassiker aus Yangzhou. Sie sollen an Löwenköpfe erinnern. Es ist dabei wichtig, dass das Fleisch nicht zu mager ist. In einer anderen, „weißen", Version werden sie in Brühe gegart; dann sollten sie noch mehr Fett enthalten und im Mund förmlich schmelzen.

LÖWENKÖPFE, ROTGESCHMORT

FÜR 4 PORTIONEN
ZUBEREITUNGSZEIT CA. 40 MINUTEN

2 Frühlingszwiebeln, nur das Grün
15 Wasserkastanien (aus der Dose)
20 g frischer Ingwer
600 g Schweinehackfleisch
4 EL dunkle Sojasauce
5 EL helle Sojasauce
3 Eier
Salz
1 TL Zucker
2 TL Kartoffelstärke
1 mittelgroßer Pak Choi*
2 EL Rapsöl

AUSSERDEM
Rapsöl zum Frittieren

Frühlingszwiebelgrün putzen, waschen und in feine Ringe schneiden, die Wasserkastanien mit der breiten Seite des Küchenbeils in Stücke klopfen, Ingwer schälen und fein hacken. Für die Fleischmasse Schweinehack mit 2 EL dunkler und der hellen Sojasauce sowie Eiern, Ingwer, Frühlingszwiebelgrün und Wasserkastanien gründlich mischen und kräftig mit ca. 1 TL Salz abschmecken. Reichlich Öl zum Frittieren erhitzen. 12 runde Bällchen formen, ca. 1 Minute goldbraun frittieren, herausnehmen und auf Küchenpapier abtropfen lassen.
2 Liter Wasser mit 2 EL dunkler Sojasauce, 1 TL Zucker und 1 TL Salz erhitzen und die Löwenköpfe darin ca. 20 Minuten leise köcheln. Währenddessen Kartoffelstärke mit wenig Wasser anrühren, Pak Choi putzen, waschen und in mundgerechte Stücke schneiden. Die Löwenköpfe aus dem mittlerweile auf die Hälfte eingekochten Fond herausnehmen und warm stellen, den Fond schnell stark einkochen, mit Zucker abschmecken, mit der Stärke sirupartig binden und mit einem Spritzer Öl abglänzen. Das Öl im Wok erhitzen, den Pak Choi sehr schnell schwenken, mit wenig Salz würzen und auf vier Teller verteilen. Die Löwenköpfe darauf anrichten und mit der Sauce überziehen.

Lotuswurzel sieht aufgeschnitten sehr schön aus und hat eine wunderbare, knackige Textur. Sie schmeckt leicht süßlich und erinnert insgesamt ein wenig an frisches Kokosfleisch. Mit Essig und Zucker gekocht, ist sie ein guter Kontrast zu scharfen, gebratenen Gerichten.

LOTUSWURZEL

糖醋藕片

FÜR 4 PORTIONEN ALS BEILAGE
ZUBEREITUNGSZEIT CA. 15 MINUTEN

500 g Lotuswurzel
1 EL Zucker
2 EL Chinkiang-Essig*
1 Prise Salz

AUSSERDEM
Rapsöl zum Frittieren

Lotuswurzel schälen und in sehr dünne Scheiben schneiden. Reichlich Wasser erhitzen, Lotuswurzelscheiben einmal aufkochen, abschütten und gut abtropfen lassen. Reichlich Öl im Wok erhitzen, Lotuswurzel, Zucker und Essig zugeben. Fortwährend rühren und schwenken, dabei muss die Hitzezufuhr so stark wie möglich sein, da die Lotuswurzelscheiben sonst kochen statt braten und matschig werden.
Wenn alles schön glasiert ist, aber noch richtig knackig, nach ca. 1 Minute, mit Salz abschmecken und anrichten.

Blick vom Suzhou River auf die Waibaidu Bridge und die Innenstadt von Shanghai.

ES IST SOMMER UND DRAUSSEN IST ES RICHTIG HEISS – HERR WU SERVIERT VOR ALLEM GERICHTE, DIE IN CHINA TRADITIONELL ALS KÜHLEND GELTEN

VORSPEISEN

QUALLE MIT RETTICHSTREIFEN
GURKE, BREITGESCHLAGEN, MIT REISESSIG UND KNOBLAUCH
HÄHNCHEN IN SOJASAUCE-FRÜHLINGSZWIEBELÖL
RINDFLEISCHSALAT MIT ESSIG UND CHILI
KALTE NUDELN MIT HÜHNERFLEISCH UND ERDNUSS-SAUCE

HAUPTGÄNGE

KARPFEN NACH GANGSHAO-ART
SCHWEINEFLEISCH, GEBRATEN, MIT SÜSSER WEIZENPASTE
SCHWEINERIPPCHEN SÜSSSAUER
TOMATEN MIT EI GEBRATEN
WASSERSPINAT KURZGEBRATEN, MIT SAUCE VON EINGELEGTEM TOFU

DESSERT

SÜPPCHEN MIT WEISSEN MORCHELN UND SÜSSEN DATTELN

Zugegeben, Qualle klingt ziemlich exotisch, oder zumindest sehr merkwürdig – denn was soll an den schlüpfrigen, knochenlosen Gebilden überhaupt essbar sein? Das Ergebnis auf dem Teller ist überraschend, und mit dem Rettich kommt eine zusätzliche Textur ins Quallen-Spiel.

QUALLE MIT RETTICH-STREIFEN

萝卜丝拌海蜇

FÜR 4 PORTIONEN ALS VORSPEISE
ZUBEREITUNGSZEIT CA. 15 MINUTEN

3 Päckchen Qualle (Einwaage jeweils 170 g)
½ kleiner Daikon-Rettich (ca. 150 g)
3 Frühlingszwiebeln, nur das Grün
1 – 3 rote Chilischoten*
Salz
Zucker
2 EL helle Sojasauce
3 EL Frühlingszwiebelöl (s. S. 199)

Qualle aus der Verpackung nehmen, unter fließendem kaltem Wasser in einem Sieb abspülen und gut abtropfen lassen. In etwa 7 cm lange Streifen schneiden.
Rettich schälen und in sehr dünne Streifen schneiden.
Frühlingszwiebelgrün putzen, waschen und in dünne Ringe schneiden.
Chili nach Geschmack putzen, waschen und mit einer Schere in Röllchen schneiden. In einer Schüssel mit Qualle und Rettich mischen, dann etwas Salz, wenig Zucker, Sojasauce und Frühlingszwiebelöl zugeben, gründlich mischen und auf Tellern verteilen.

拍黄瓜

Dies ist eine einfache Gurkenversion aus Nordchina. In chinesischen Augen ist es ein rustikales Gericht, da die Gurke nicht präzise geschnitten, sondern mit der flachen Seite des Küchenbeils wortwörtlich breit geschlagen wird. Es ist reichlich roher Knoblauch im Spiel … Wenn einen das nicht stört (Herr Wu ersetzt den Knoblauch für sich persönlich durch frische rote Chili), schmeckt das Ergebnis aber köstlich und ist sehr schnell zubereitet.

GURKE, BREITGESCHLAGEN, MIT REISESSIG UND KNOBLAUCH

FÜR 4 PORTIONEN ALS VORSPEISE
ZUBEREITUNGSZEIT CA. 10 MINUTEN

1 mittelgroße Salatgurke
Salz
2 große Knoblauchzehen
1 EL Chinkiang-Essig*
1 EL helle Sojasauce
½ TL geröstetes Sesamöl
1 rote Chilischote*, nach Geschmack
Zucker, nach Geschmack

Gurke putzen, waschen, ungeschält der Länge nach halbieren und mit der flachen Seite nach unten auf ein Brett legen. Mit der flachen Klinge des Küchenbeils kräftig daraufschlagen, bis unregelmäßige Stücke entstehen, die man anschließend schräg in 1 cm breite Streifen schneidet. Die Gurkenstücke in einer Schüssel leicht salzen. Knoblauch schälen, grob hacken und mit Essig, Sojasauce und Sesamöl zur Gurke geben. Gut mischen und nochmals mit Salz abschmecken. Evtl. die Chilischote waschen und mit einer Schere in feine Röllchen schneiden. Je nach Geschmack mit Chili oder Zucker würzen.

葱油鸡

Eine kalte Vorspeise, die sich sehr gut vorbereiten lässt. Das Fleisch sollte beim Servieren aber auf jeden Fall Raumtemperatur haben. Herr Wu sagt, es schmeckt am besten, wenn man das Hähnchen kocht, 2–3 Stunden kalt stellt, dann mariniert und auf Raumtemperatur bringt. Es lohnt sich übrigens, die Marinade dieser Spezialität aus Shanghai auch über Salatigem aus Kartoffeln oder Tomaten auszuprobieren! Man kann sie gut mit Reis oder hellem Brot aufstippen …

HÄHNCHEN IN SOJASAUCE-FRÜHLINGS-ZWIEBELÖL

FÜR 4 PORTIONEN
ZUBEREITUNGSZEIT CA. 15 MINUTEN (WENN DAS HÄHNCHEN BEREITS GEKOCHT IST)

30 g frischer Ingwer
1 Bund Frühlingszwiebeln, nur das Grün (ca. 120 g)
2 EL helle Sojasauce
1 EL geröstetes Sesamöl
150 ml Rapsöl
1 gekochtes Hähnchen (1 kg Rohgewicht)

Ingwer schälen und fein hacken. Frühlingszwiebelgrün putzen, waschen und in dünne Ringe schneiden. Beides mit Sojasauce und Sesamöl in einer Schüssel mischen. Rapsöl erhitzen, bis es beginnt zu rauchen, über die Mischung in der Schüssel gießen und alles nochmals gut mischen. Ca. 10 Minuten stehen lassen.
Vom Hähnchen Bürzel und Hals abschneiden und entlang des Rückgrats halbieren. Die Flügelspitzen abschneiden und wie alle anderen Abschnitte für eine Brühe sammeln. Mit einem schrägen, flachen Schnitt die Keule von der Brust trennen. Die Rippenspitzen ab- und gerade schneiden.
Dann die Brust mit den Knochen mit dem Küchenbeil rechteckig zum Rückgrat in 1 cm breite Streifen schneiden bzw. hacken. Die Keule ebenfalls längs in Streifen teilen
Alles zusammen in der ursprünglichen Hähnchenform auf eine tiefe Platte oder einen Teller legen. Das Öl inklusive der Einlage darüber verteilen.

Ein für Herrn Wu und das Hot Spot ungewöhnlich salatig-frisches Gericht, das deutlichen Einfluss aus der Provinz Yunnan zeigt, die an der Grenze zu Vietnam, Laos und Myanmar im Südwesten Chinas liegt.

RINDFLEISCHSALAT MIT ESSIG UND CHILI

FÜR 4 PORTIONEN
ZUBEREITUNGSZEIT CA. 30 MINUTEN

1 Eisbergsalat
4 Tomaten
1 kleiner Bund Koriander
1 rote Chilischote*
50 ml Rapsöl
400 g Rinder-Oberschale in sehr dünnen Scheiben (dafür am besten anfrieren)
4 EL helle Sojasauce
1 EL Tafelessig
1 geh. TL Zucker
1 TL Frühlingszwiebelöl (s. S. 199)

Eisbergsalat putzen, waschen, trocken schleudern und mit der Hand in mundgerechte Stücke reißen. Tomaten waschen, Strünke entfernen und in Scheiben schneiden. Koriandergrün waschen, trocken schütteln und mit den Stängeln grob hacken. Chilischote waschen und mit einer Schere in dünne Röllchen schneiden.

Öl im Wok erhitzen, das Fleisch unter Rühren ohne Bräunung sehr schnell vorgaren, in einem Sieb gut abtropfen lassen und unter fließendem kaltem Wasser kurz abspülen (damit es weniger ölig ist).

Eisbergsalat, Tomaten, Koriander, Chili und Fleisch in einer Schüssel mischen. Aus Sojasauce, Essig und Zucker eine Marinade rühren, über den Salat gießen und alles mit den Händen gründlich durchmischen, sodass die Zutaten gleichzeitig etwas weich werden. Zum Schluss das Frühlingszwiebelöl darüberträufeln.

牛肉色拉

鸡丝凉面

Nudelsalat à la Sichuan! Lange Weizennudeln mit Hühnerfleisch, Gurke, Karotte und einer würzigen Erdnuss-Sauce – für ein feines Essen wird das alles adrett nebeneinander angerichtet und erst am Tisch gemischt. Zu Hause hingegen schichtet man es gleich in eine Schüssel. Die Sauce bekommt durch den mit Reiswein rot eingelegten Tofu ein ganz besonderes Aroma.

KALTE NUDELN MIT HÜHNER-FLEISCH UND ERDNUSS-SAUCE

FÜR 4 PORTIONEN
ZUBEREITUNGSZEIT CA. 20 MINUTEN

250 g lange dünne Weizennudeln*
½ TL Rapsöl
½ Salatgurke
1 große Karotte
200 g gekochtes Hühnchenfleisch (s. S. 54)
1 TL geröstete Sesamsamen
Erdnuss-Sauce (s. S. 55)
rote Chilischote* in Röllchen, nach Geschmack

Nudeln nach Packungsanweisung kochen, mit kaltem Wasser abspülen und gut abtropfen lassen. Dann mit dem Öl mischen, damit sie schön glänzen und nicht kleben. Gurke waschen, ungeschält schräg in knapp ½ cm dicke Scheiben und diese in ebenso dünne Streifen schneiden. Karotte putzen, schälen und gleichermaßen schneiden, die Streifen aber noch etwas dünner schneiden.

Das gekochte Hühnchenfleisch, es sollte Zimmertemperatur haben, mit der flachen Seite des Küchenbeils etwas klopfen, dann mit den Händen fein zupfen. Die kalten Nudeln in der Mitte eines großen Tellers anrichten und mit dem Sesam bestreuen. Gurke, Karotte und Hühnerfleisch sternförmig außen anordnen. Alles gut mischen und nach Geschmack mit den Chiliröllchen würzen.

In China wird großen Wert auf die exakte Zubereitung von solchen „Grundzutaten" gelegt. Es ist wichtig, das Hühnchen nicht zu lange zu kochen, damit das Fleisch saftig bleibt. Es sollte dann mindestens 3 Stunden im Kühlschrank ruhen.

熟煮鸡

GEKOCHTES HÜHNCHEN

ZUBEREITUNGSZEIT CA. 1 STUNDE
STANDZEIT CA. 3 STUNDEN

1 küchenfertiges Hühnchen
30 g frischer Ingwer
1 kleiner Bund Frühlingszwiebeln, nur das Weiße

In einem großen Topf reichlich Wasser zum Kochen bringen, um das Hühnchen vollkommen zu bedecken. Den Ingwer waschen und mit der flachen Seite eines Küchenbeils oder dem Boden eines Kochtopfs leicht andrücken. Frühlingszwiebeln putzen und waschen. Das Hühnchen waschen und ins kräftig sprudelnde Wasser legen. Das Ganze so schnell wie möglich wieder zum Kochen bringen und den grauen Schaum abschöpfen, der sich dabei bildet. Ingwer und Frühlingszwiebeln zugeben, den Deckel auflegen und die Hitze soweit reduzieren, dass das Hühnchen nur ganz leicht simmert.
Nach ca. 30 Minuten mit einer Nadel in die Innenseite der Schenkel stechen: Der austretende Saft sollte gerade nicht mehr rosa sein. Das Hühnchen sofort aus dem Wasser nehmen, unter fließendem kaltem Wasser abspülen und in kaltem Wasser ca. 15 Minuten abkühlen lassen. Dann abgedeckt ca. 3 Stunden im Kühlschrank ruhen lassen.

Diese Sauce schmeckt sanft-süßlich und passt auch hervorragend zu grünen Blattsalaten verschiedenster Art oder blanchiertem, gut ausgedrücktem Spinat.

ERDNUSS-SAUCE

FÜR 4 PORTIONEN
ZUBEREITUNGSZEIT CA. 5 MINUTEN

4 EL Erdnussbutter (ca. 60 g)
2 Würfel rot eingelegter Tofu (à ca. 50 g)
1 EL Fond vom roten Tofu
2 TL helle Sojasauce
1 TL Zucker
Salz

Alle Zutaten mit 4 EL lauwarmem Wasser mit einer Gabel mischen, dabei den Tofu zerdrücken.
Es dauert einen Moment, bis alles ganz glatt ist, aber es funktioniert! Evtl. etwas mehr Wasser zugeben, sodass die Sauce zwar dick, aber noch flüssig ist. Zum Schluss mit etwas Salz abschmecken.
Lässt sich gut vorbereiten.

干烧鲤鱼

KARPFEN NACH GANGSHAO-ART

Karpfen ist in China ein weit verbreiteter, günstiger Alltagsfisch. Herr Wu sagt allerdings, er isst lieber Karpfen in Deutschland, weil er hier weniger schlammig schmeckt. Diese sehr würzige und auch scharfe Zubereitung passt gut zum kräftigen Fischfleisch. Am besten den Fischhändler bitten, das Tier längs zu halbieren!

FÜR 4 PORTIONEN
ZUBEREITUNGSZEIT CA. 1 STUNDE

1 kleiner Karpfen, Lebendgewicht ca. 1,2 kg, ausgenommen, geschuppt und längs halbiert
2 EL Kartoffelstärke
3 Knoblauchzehen
30 g frischer Ingwer
1 Frühlingszwiebel
3 rote Chilischoten*
100 ml Rapsöl
1 Sternanis
2 EL Sambal Oelek*
1 EL Breitebohnenpaste*
5 getrocknete Chilischoten*
1 TL fermentierte schwarze Bohnen*
1 Prise Zucker
300 ml Hühnerbrühe (s. S. 198)
2 TL dunkle Sojasauce
2 EL helle Sojasauce
100 ml Reiswein*

AUSSERDEM
Rapsöl zum Frittieren
Korianderblättchen zum Dekorieren

Den halbierten Karpfen gut waschen und die Haut schräg in 1 cm breiten Abständen quer zur Mittelgräte einschneiden. Trocken tupfen, ggf. quer halbieren und von allen Seiten mit Kartoffelstärke einreiben. Reichlich Öl zum Frittieren erhitzen und ca. 5 Minuten frittieren. Herausnehmen, auf Küchenpapier abtropfen lassen, dann ein zweites Mal ca. 2 Minuten frittieren. Wieder auf Küchenpapier abtropfen lassen.
Knoblauch schälen und halbieren. Ingwer schälen und in Scheiben schneiden. Frühlingszwiebel putzen, waschen und das Weiße schräg in 2 cm lange Stücke schneiden. Das Grün in Ringe schneiden und für die Dekoration beiseitestellen. Chilischoten putzen, waschen und klein schneiden.
Das Öl im Wok oder einem großen flachen Topf erhitzen. Knoblauch, Ingwer, Frühlingszwiebel und Chili kurz anschwenken, dann alle anderen Würzzutaten bis einschließlich Zucker zugeben, mischen und unter Rühren ca. 1 Minute kochen.
Karpfen dazugeben, mit Brühe, Sojasaucen und Reiswein begießen, mit einem Deckel verschließen und knapp 15 Minuten leise köcheln. Dabei immer wieder mit dem Fond übergießen. Zum Schluss sollte die Sauce etwa zur Hälfte dickflüssig eingekocht sein.
Karpfen auf einer Platte anrichten und mit der Sauce überziehen. Man kann die festen Bestandteile wie Ingwer etc. natürlich mitessen, eigentlich sind sie aber zu diesem Zeitpunkt ausgekocht und dienen nur noch zur Dekoration. Mit Koriander und Frühlingszwiebelgrün bestreut servieren.

Die süße Weizenpaste wird auch Peking-Paste genannt. Sie lässt sich auch durch die etwas würzigere Hoisin-Sauce ersetzen. Der hierzulande oft gebrauchte Begriff Sauce ist für diese Würzpasten eigentlich nicht korrekt. Im Chinesischen sind Saucen grundsätzlich dünnflüssiger, das Schriftzeichen dafür enthält das Element für Wasser.

SCHWEINEFLEISCH, GEBRATEN, MIT SÜSSER WEIZENPASTE

FÜR 4 PORTIONEN
ZUBEREITUNGSZEIT CA. 25 MINUTEN

400 g Schweineoberschale
½ rote Paprikaschote
½ grüne Paprikaschote
3 Frühlingszwiebeln, nur das Grün
½ Salatgurke
200 ml Rapsöl
3 EL süße Weizenpaste (ersatzweise Hoisin-Sauce)
50 ml Hühnerbrühe (s. S. 198)

Das Fleisch waschen, trocken tupfen und in ½ cm dicke, lange Streifen schneiden.
Gemüse putzen und waschen. Paprika in ½ cm dicke und 5 cm lange Stifte, Frühlingszwiebelgrün in 1 cm breite Ringe schneiden. Gurke gründlich waschen und schräg in 3 mm dünne Scheiben und diese wiederum in dünne Streifen schneiden. Auf Tellern anrichten.
Öl im Wok erhitzen, Schweinefleisch darin unter Rühren und Schwenken ca. 1 Minute ohne Farbe garen. In ein Sieb schütten, dabei im Wok etwas Öl belassen.
Frühlingszwiebelgrün und Paprika darin kurz anschwitzen, die Paste einrühren. Fleisch und Brühe dazugeben, durchschwenken und einkochen, sodass alles überzogen ist. Neben der Gurke anrichten.

京酱肉丝

糖醋排骨

Zusammen mit der geräucherten Tee-Ente (s. S. 165) und der Aubergine Yuxiang-Art (s. S. 80) ist dies einer der Klassiker des Hot Spot. Herr Wu sagt, die Deutschen würden viel mehr Fleisch an ihren Rippchen erwarten als Chinesen. Am wichtigsten ist aber doch die sirupartige, schokoladenbraun glänzende Sauce, die mit dem banalen „süßsauer" eigentlich nur unzureichend beschrieben ist.

SCHWEINE-RIPPCHEN SÜSSSAUER

FÜR 4 PORTIONEN
ZUBEREITUNGSZEIT CA. 1 ½ STUNDEN

1½ kg Schweinerippchen
3 Frühlingszwiebeln
60 g frischer Ingwer
1 mittelgroßer Pak Choi*
4 geh. EL Zucker
3 Sternanise
ca. 100 ml dunkle Sojasauce
100 ml Chinkiang-Essig*
1 TL Kartoffelstärke
2 EL Rapsöl
1 Prise Salz
1 TL geröstete Sesamsamen

Fleisch waschen, in einzelne Rippchen schneiden, in einem Topf mit kaltem Wasser bedecken und einmal richtig aufkochen. Abschütten, unter fließendem kaltem Wasser abspülen und gut abtropfen lassen. Frühlingszwiebeln putzen, waschen und in große Stücke, Ingwer schälen und in Scheiben schneiden. Pak Choi putzen, waschen und in mundgerechte Stücke zerteilen.
Die gekochten Rippchen in einem Topf mit kaltem Wasser bedecken. Zucker, Sternanise, Ingwer, Frühlingszwiebeln und 100 ml Sojasauce zugeben und ca. 40 Minuten leise köcheln lassen. Falls der Fond zu stark einkocht, bevor die Rippchen richtig weich sind, mit etwas heißem Wasser auffüllen. Zum Schluss die Rippchen noch ca. 20 Minuten ziehen lassen, dann herausnehmen und warm halten.
Den Fond bis auf einen Finger hoch einkochen, Essig zugeben und nochmals mit dunkler Sojasauce und Zucker abschmecken. Kartoffelstärke mit wenig kaltem Wasser anrühren und die Sauce damit binden.
Öl im Wok erhitzen. Pak Choi darin sehr schnell anbraten, leicht salzen und auf einer Platte anrichten. Die Rippchen auf den Pak Choi legen, mit der Sauce übergießen und mit Sesam bestreuen.

Die chinesische Version von Rührei mit Tomaten, mit wenig Sojasauce abgeschmeckt. Die besondere Würze beruht vor allem auf der eingekochten Hühnerbrühe. Das Braten des Eis im Wok erfordert ein wenig Übung, hier ist es entscheidend, dass der Wok vor dem Braten mit etwas Öl eingefettet wird.

TOMATEN MIT EI GEBRATEN

FÜR 4 KLEINE PORTIONEN
ZUBEREITUNGSZEIT CA. 15 MINUTEN

ca. 1 EL Rapsöl
2 Eier
3 Frühlingszwiebeln
4 Tomaten
1 TL dunkle Sojasauce
200 ml Hühnerbrühe (s. S. 198)
Salz

Tomaten waschen, Strünke entfernen, in Viertel schneiden und diese nochmals schräg halbieren. Frühlingszwiebeln putzen, waschen und schräg in dünne Streifen schneiden. Eier mit einer Gabel (oder Stäbchen!) verquirlen.

Im gefetteten Wok 1 EL Öl erhitzen, die Eier hineingießen und durch Schwenken nach und nach zu einem dünnen Omelett verteilen. Wenn das Omelett Farbe bekommt, wenden und auf der anderen Seite goldbraun braten.
Mit einer Kelle zerkleinern, nochmals durchschwenken, dann auf ein Sieb geben.
1 EL Öl im Wok erhitzen und die Frühlingszwiebeln waschen, schneiden und kurz anschwitzen. Tomaten und Sojasauce dazugeben. Bei starker Hitze braten, dabei schwenken und die entstehende Flüssigkeit etwas einkochen. Die Hälfte der Brühe und das Ei dazugeben und unter gelegentlichem Schwenken weiter einkochen.
Den Rest der Brühe zugeben und so weit einkochen, dass Tomaten und Omelett noch saftig sind, sich aber kein Fond mehr am Boden des Woks bildet. Mit Salz abschmecken und mit einem Spritzer Öl durchschwenken, damit alles schön glänzt.
Alles in Schalen anrichten.

番茄炒鸡蛋

腐乳空心菜

Wasserspinat ist ein in Südchina sehr beliebtes grünes Gemüse. Die Blätter sind schmal und lang, die Stiele hohl, weshalb der chinesische Name „kong xin cai“ wörtlich übersetzt „herzloses Gemüse“ bedeutet. Herr Wu mag Wasserspinat auf südchinesische Art, mit frischem Chili, Knoblauch und eingelegtem Tofu.

WASSERSPINAT KURZGEBRATEN, MIT SAUCE VON EINGELEGTEM TOFU

FÜR 4 PORTIONEN ALS BEILAGE
ZUBEREITUNGSZEIT CA. 15 MINUTEN

2 Beutel Wasserspinat*
3 Knoblauchzehen
2 rote Chilischoten*
2 Würfel mit Chili eingelegter Tofu, sogenannter „Stink-Tofu“* (à ca. 50 g)
2 EL helle Sojasauce
1 EL Fond vom eingelegten Tofu
2 EL Rapsöl

Vom Wasserspinat die unteren Enden abschneiden, waschen, gut abtropfen lassen und in 5 cm lange Stücke schneiden. Knoblauch schälen und hacken, Chili waschen und mit einer Schere in Röllchen schneiden. Tofu mit Sojasauce und Fond glatt rühren.
Öl im Wok erhitzen, Knoblauch und Chili kurz anrösten, dann den Wasserspinat zugeben und nochmals kurz durchschwenken.
Den Tofu zugeben und alles bei sehr starker Hitze unter Rühren und Schwenken sehr schnell braten.
Das Gemüse soll knackig bleiben, der Fond ganz einkochen. Sofort servieren.

Traditionell gibt es Desserts als solche in China nicht, lieber schließt man die Mahlzeit mit einer klaren Brühe ab. Doch diese lauwarme, süße Suppe schmeckt auch zwischendurch und gilt als stärkend bei sehr heißem Wetter. Die weißen Morcheln, auch Silberohr-Pilze genannt, enthalten von Natur aus Stärke, die der Suppe eine besondere, leicht gelatineartige Textur verleiht. Die rötlichen Datteln schwimmen und leuchten darin; sie lassen sich aber auch durch andere getrocknete Früchte ersetzen.

SÜPPCHEN MIT WEISSEN MORCHELN UND SÜSSEN DATTELN

FÜR 4 PORTIONEN
ZUBEREITUNGSZEIT CA. 1 STUNDE
STANDZEIT CA. 1 STUNDE

10 g getrocknete weiße Silberohr-Pilze*
100 g weißer Kandiszucker
8 getrocknete chinesische Datteln

Pilze mit kochendem Wasser überbrühen und ca. 1 Stunde einweichen, dann abschütten, abspülen und abtropfen lassen. Die harten Stiele entfernen. Mit 600 ml Wasser und dem Kandiszucker mischen und zum Kochen bringen. Ca. 30 Minuten leise köcheln, dabei immer wieder abschäumen. Die Datteln waschen und zugeben, dann nochmals ca. 30 Minuten köcheln. Lauwarm oder leicht gekühlt servieren.

白木耳红枣

Winterstimmung am Tianquan See.

ES IST WINTER, UNS IST KALT – HERR WU SERVIERT WÄRMENDES

VORSPEISEN

SAUER-SCHARF-SUPPE
SALAT VON RINDFLEISCH, ZUNGE UND MAGEN
CHINAKOHL, EINGELEGT
GEKOCHTE TEIGTASCHEN

HAUPTGÄNGE

HEISSER TOPF MIT FISCH UND GEMÜSE IN SCHARFER BRÜHE
AUBERGINE YUXIANG-ART
EINTOPF MIT SUPPENHUHN, DONG-GU, MU-ERR-PILZEN UND WINTERBAMBUS
SCHWEINEBAUCH MIT „SALZ“ GEBRATEN
HEISSER TOPF MIT LAMM UND RETTICH
SCHWEINELEBER MIT BAMBUS UND MU-ERR-PILZEN GEBRATEN

DESSERT

KLEBREISBÄLLCHEN MIT OSMANTHUSBLÜTEN

酸辣汤

Die Kombination von sauer und scharf ist in Südostasien in Suppenform weit verbreitet, man denke nur an die thailändische Tom Yam Gung. In China kommt jedoch Tomate ins Spiel, die Suppe wird leicht gebunden und zusätzlich mit Eierflocken angereichert. Herr Wu sagt, sie schmecke am besten, wenn man sie in sehr großen Mengen zubereitet – im Hot Spot gibt es dafür einen 50-Liter-Topf. Hier ist ein Rezept für eine eher haushaltsübliche Menge.

SAUER-SCHARF-SUPPE

FÜR CA. 1 ½ L SUPPE (4-6 PORTIONEN)
ZUBEREITUNGSZEIT CA. 1 ½ STUNDEN
STANDZEIT CA. 1 STUNDE

6 getrocknete Mu-Err-Pilze*
½ kleine rote Paprikaschote
100 g Bambusstreifen* (aus der Dose)
120 g Schweinehackfleisch
150 g Tomatenmark
30 g Zucker
30 g Salz
150 g Sambal Oelek*
150 ml Tafelessig
15 g Kartoffelstärke
1 Ei

AUSSERDEM
Frühlingszwiebelröllchen zum Topping

Pilze mit kochendem Wasser überbrühen und ca. 1 Stunde einweichen, dann abschütten, abspülen und abtropfen lassen. Die Pilze ggf. halbieren und harte Stiele entfernen. Paprika putzen und waschen, Bambus abspülen und abtropfen lassen. Alles in ca. ½ cm große Stücke schneiden oder hacken. Fleisch mit Tomatenmark, Zucker, Salz, Sambal Oelek und Essig in einem Topf mischen, mit 1,1 l Wasser und dem Gemüse verrühren. Unter gelegentlichem Rühren zum Kochen bringen und ca. 30 Minuten leise köcheln lassen.
Kartoffelstärke mit 150 ml kaltem Wasser anrühren.
Die Suppe vom Feuer nehmen und unter Rühren die Stärke in einem dünnen Strahl zugießen. Nochmals aufkochen.
Ei in einer Schüssel verquirlen: Suppe vom Feuer nehmen, Ei unter stetem, aber nicht hastigem Rühren langsam einlaufen lassen, sodass sich kleine Fetzen bilden.
Die Suppe soll deutlich scharf und sauer schmecken (sie erinnert so manchen vielleicht an sehr scharfe Soljanka) und sie soll leicht gebunden, aber nicht dickflüssig sein. Hält sich mehrere Tage im Kühlschrank.

Rindfleisch, Rinderzunge und Rindermagen werden vorab in einer aromatisierten Brühe gegart, dann kalt in dünnen Scheiben chilischarf-ölig mit frischem Koriander und ein wenig Erdnussknusper angemacht – großartig! Wörtlich übersetzt heißt dieses Gericht „Mann-und-Frau-Lungenscheiben" und neben Fleisch gehören immer auch Innereien dazu (wer die nicht bekommt oder mag, sollte das Rezept aber unbedingt nur mit Fleisch ausprobieren). Es wurde in den 1930ern in Sichuan von einem Ehepaar für uigurische Arbeiter aus dem Nordwesten Chinas kreiert, die wenig Geld hatten und als Muslime Schweinefleisch ablehnten. Das chinesische Zeichen für Lungenscheiben wird genauso ausgesprochen wie das (ursprünglich verwandte Zeichen) für Fleischabfälle: Damals kamen die allerbilligsten Innereien zum Einsatz.

GEKOCHTES RINDFLEISCH

VORBEREITUNGSZEIT CA. 2 STUNDEN
STANDZEIT CA. 24 STUNDEN

1 kg Rindfleisch und -innereien (Schaufelstück, Zunge, Pansen)
3 Frühlingszwiebeln
50 g frischer Ingwer
1½ l Hühnerbrühe (s. S. 198)
100 ml dunkle Sojasauce
50 g Zucker
100 ml Reiswein*
2 Sternanise
1 Zimtstange
1 getrocknete rote Chilischote*
1 TL Salz

HINWEIS

Das Fleisch unbedingt am Tag zuvor kochen, damit es richtig abkühlen kann und die gelatineartigen Stoffe festwerden. Beim Anrichten sollte es dann Raumtemperatur haben. Natürlich bietet es sich an, größere Stücke zu kochen, zum Beispiel eine ganze Zunge, und dann gegebenenfalls einzufrieren.

Fleisch waschen, in einem Topf mit kaltem Wasser bedecken und zum Kochen bringen. 15 Minuten kochen, dann abschütten unter fließendem kaltem Wasser abspülen und abtropfen lassen. Ingwer waschen und mit der breiten Seite des Küchenbeils etwas anklopfen. Frühlingszwiebeln putzen und waschen.

Brühe, die ganzen Frühlingszwiebeln, Ingwer, Sojasauce, Zucker, Reiswein, Sternanise, Zimt, Chili und Salz in einem Topf mischen und das Fleisch hineinlegen. Ca. 1½ Stunden leise köcheln lassen, bis alles ganz weich ist, herausnehmen und abkühlen lassen. Das Fleisch dabei mit einem feuchten Tuch abdecken, damit es nicht austrocknet.

SALAT VON RINDFLEISCH, ZUNGE UND MAGEN

FÜR 4 PORTIONEN
ZUBEREITUNGSZEIT CA. 15 MINUTEN

400 g kaltes Rindfleisch und -innereien (s. links)
2 TL Sichuan-Pfeffer*, grob zerstoßen
Bang-Bang-Ji-Marinade (s. S. 119)
1 TL Chili-Öl (s. S. 199)
4 Stängel Koriander
2 EL geröstete, grob gehackte Erdnüsse
1 TL Salz

Das Fleisch in ca. 2 mm dünne Scheiben und Rechtecke von etwa 5 x 3 cm schneiden. In einer Schüssel mit Pfeffer, Marinade und Öl mit der Hand mischen, auf eine Platte oder Teller geben. Koriander waschen, klein zupfen und mit den Erdnüssen über das Fleisch streuen, dann servieren.

SALAT VON RINDFLEISCH, ZUNGE UND MAGEN

夫妻肺片

泡腌辣白菜

Ohne eingelegtes Gemüse geht in China eigentlich gar nichts, denn die Gäraromen lassen für chinesische Gaumen alles viel interessanter und intensiver schmecken. In jeder Küche stehen irgendwo entsprechende irdene Gefäße und auch die Hot Spot-Köche sind ständig am Einsalzen und Marinieren. Das Grundprinzip ist immer das gleiche: vorbereiten, einsalzen, abspülen, in die Marinade einlegen, eine Weile vergessen – genießen!

CHINAKOHL, EINGELEGT

FÜR 4 PORTIONEN ALS BEILAGE
ZUBEREITUNGSZEIT CA. 15 MINUTEN
STANDZEIT CA. 5 STUNDEN UND 1 TAG

500 g Chinakohl*, nur die festere untere Hälfte
2 EL Salz
20 g frischer Ingwer
3 EL Rapsöl
1 EL Sambal Oelek*
½ EL Zucker

Chinakohl putzen, waschen und halbieren. Längs in ½ cm breite Streifen schneiden und in einer Schüssel mit dem Salz mischen. Ca. 5 Stunden bei Zimmertemperatur ziehen lassen, dann in ein Sieb schütten, unter fließendem kaltem Wasser abspülen und sehr gut abtropfen lassen.
Für die Marinade den Ingwer schälen und in sehr feine Streifen schneiden. Öl im Wok erhitzen, Ingwer und Sambal Oelek darin unter Rühren anrösten, bis der Ingwer etwas Farbe hat. Dann den Zucker zugeben und nochmals gut durchmischen. Den Kohl mit der Marinade mischen, kühl stellen und mindestens 1 Tag marinieren lassen.

In Nordchina werden mit Hackfleisch gefüllte Teigtaschen traditionell an Neujahr gegessen. Das bedeutet, dass die ganze Familie mit Teigkneten, Ausrollen und Füllen beschäftigt ist. Im Norden kann das jeder schon von klein auf, sagt Herr Wu. Es ist ein echtes Vergnügen, geübten Händen beim Ausrollen des Teigs zuzuschauen – und ein Trost, dass Übung auf Dauer hilft.

GEKOCHTE TEIGTASCHEN

FÜR 4 PORTIONEN (ETWA 24 STÜCK)
ZUBEREITUNGSZEIT
JE NACH ÜBUNG 1-2 STUNDEN
STANDZEIT CA. 30 MINUTEN

250 g Weizenmehl
20 g frischer Ingwer
80 g Chinakohl*, nur die weichen Blätter
1 Frühlingszwiebel, nur das Grün
200 g Schweinehackfleisch
½ TL Salz
2 ½ EL dunkle Sojasauce
1 EL helle Sojasauce
1 Ei

AUSSERDEM
Weizenmehl zum Bearbeiten
Chiliröllchen zum Topping

Für den Teig das Mehl auf die Arbeitsfläche schütten und in die Mitte eine Mulde drücken. 150 ml Wasser dazugießen, mit den Händen nach und nach mit dem Mehl vermischen und kneten, sodass ein glatter, elastischer Teig entsteht. Evtl. etwas mehr Mehl oder Wasser zufügen. Mit einer umgedrehten Schüssel abdecken und ca. 30 Minuten ruhen lassen.
In der Zwischenzeit die Füllung vorbereiten: Ingwer schälen und fein hacken, Chinakohlblätter putzen, waschen und in kleine Stücke schneiden, Frühlingszwiebelgrün putzen, waschen und in feine Ringe schneiden. Alle Zutaten gründlich mit dem Fleisch mischen und kräftig abschmecken. Herr Wu kocht dafür ein Probeklößchen in Wasser, warnt aber, dass die Füllung in den Teigtaschen etwas salziger schmeckt, weil sie nicht auslaugt.
Den Teig nochmals kräftig durchkneten, zu einer daumendicken Rolle formen und in 24 Teile schneiden. Diese auf die Schnittfläche legen, mit dem Handteller flach drücken und dann mit einem Rollholz (ca. Ø 10 cm) rund ausrollen. Profis arbeiten mit einem 3 cm dicken Holzstab, den sie mit der einen Handfläche auf dem Tisch schnell hin- und herrollen, während sie mit der anderen Hand, unter dem anderen Ende des etwa 25 cm langen Stabs die Teigstücke kreisen lassen – Übung macht den Meister! Die Teigplatten mit sehr wenig Mehl bestäuben, damit sie nicht aneinanderkleben, und aufeinanderstapeln, damit sie nicht austrocknen.
Zum Füllen eine Teigplatte in die Hand nehmen, etwa 1 TL Füllung in die Mitte setzen und die beiden Hälften mit ein paar Falten so aufeinander schlagen, dass ein 1 cm breiter Rand ähnlich eines Hahnenkamms entsteht und die Taschen aufrecht stehen. Den Rand unbedingt kräftig zusammendrücken, damit die Taschen nicht aufplatzen.
Zum Garen ausreichend Wasser zum Kochen bringen (es soll nur leise sprudeln, damit die Taschen nicht kaputtgehen). Die Teigtaschen kochen, bis der Teig leicht glänzt und die Füllung durchgegart ist (am besten nach ca. 12 Minuten eine Tasche halbieren und testen).
Die ungekochten Taschen lassen sich auch einfrieren und direkt gefroren kochen, brauchen dann aber etwas länger. Abtropfen lassen und mit Chinkiang-Essig mit einigen Ingwer-Streifen und Sojasauce mit Chiliröllchen servieren.

水饺

水煮鱼片

Shuizhu bedeutet wörtlich übersetzt „in Wasser gekocht", meint aber eine mit reichlich Sichuan-Pfeffer und Chili gewürzte, ölige Brühe, die den Kreislauf garantiert in Schwung bringt. Im Hot Spot wird dieses Gericht zum Schluss im Serviergefäß direkt auf der Gasflamme erhitzt; wichtig ist, dass sehr schnell viel Hitze zugeführt wird.

HEISSER TOPF MIT FISCH UND GEMÜSE IN SCHARFER BRÜHE

FÜR 4 PORTIONEN
ZUBEREITUNGSZEIT CA. 1 STUNDE

2 Knoblauchzehen
120 g Chinakohl*, nur die festen Rippen
150 g Brokkoli
1 mittelgroße Karotte
2 Stangen Staudensellerie
2 Frühlingszwiebeln
2 Stängel Koriander
750 g Rotbarschfilet
1 gestr. EL Kartoffelstärke
6 EL Rapsöl
1 EL Sambal Oelek*
1 EL Breitebohnenpaste*
1 EL fermentierte schwarze Bohnen*
1 EL Sichuan-Pfeffer*, grob zerstoßen
400 ml Hühnerbrühe (s. S. 198)
1 EL dunkle Sojasauce
2 TL Chiliflakes*
4 getrocknete rote Chilischoten*

Knoblauch schälen und fein hacken. Das Gemüse putzen, waschen und in mundgerechte Stücke schneiden. Brokkoli in Röschen teilen. Alles in vier geeignete feuerfeste Gefäße verteilen. Frühlingszwiebeln putzen, waschen und schräg in dünne Ringe schneiden. Koriander putzen, waschen und mit den Stängeln grob hacken. Rotbarsch waschen, etwas trocken tupfen, schräg in mundgerechte Stücke schneiden und in einer Schüssel mit der Stärke mischen.
Wasser erhitzen, den Fisch darin einmal sehr kurz aufkochen, in ein Sieb schütten und sehr schnell unter fließendem kalten Wasser abspülen. Gut abtropfen lassen.
2 EL Öl im Wok erhitzen. Sambal Oelek, Bohnenpaste, Knoblauch, Bohnen und Sichuan-Pfeffer unter Rühren anrösten, bis alles richtig duftet. Brühe und Sojasauce zugießen, aufkochen und den Fisch zugeben. Alles einmal durchkochen und mit dem Fond über dem Gemüse verteilen. Mit Frühlingszwiebeln, Koriander und Chiliflakes bestreuen. Die Töpfe aufs Feuer setzen und einmal schnell brodelnd aufkochen lassen.
Währenddessen 4 EL Öl im Wok sehr heiß werden lassen, die getrockneten Chilis kurz rösten und als krönenden Abschluss auf die Töpfe verteilen, Deckel auflegen und servieren. Der Shuizhu Yu wird erst direkt am Tisch durchgemischt.

Ein Gemüsegericht, das garantiert auch Fleischesser überzeugt, weil es durch die schmelzenden Auberginen und die herzhaften, fermentierten schwarzen Bohnen wirklich ein sehr rundes Geschmackserlebnis bietet. Yuxiang heißt „nach Fisch duftend“ und bedeutet, dass bei dieser Zubereitungsart Gewürze zum Einsatz kommen, die in Sichuan üblicherweise für Fischgerichte verwendet werden, nämlich eingelegte Chilischoten, Knoblauch, Ingwer und Frühlingszwiebeln. Herr Wu verwendet die bei uns üblichen oval-dicken Auberginen, chinesische sind länger und dünner in der Form.

鱼香茄子

AUBERGINE YUXIANG-ART

FÜR 4 PORTIONEN
ZUBEREITUNGSZEIT CA. 30 MINUTEN
STANDZEIT CA. 1 STUNDE

10 getrocknete Mu-Err-Pilze*
30 g frischer Ingwer
2 Knoblauchzehen
1 Frühlingszwiebel, nur das Grün
2 große Auberginen
2 EL Rapsöl
2 EL Sambal Oelek*
2 EL fermentierte schwarze Bohnen*
300 ml Hühnerbrühe (s. S. 198)
2 EL Zucker
100 ml Chinkiang-Essig*
2 EL dunkle Sojasauce
2 TL Kartoffelstärke

Pilze mit kochendem Wasser überbrühen und ca. 1 Stunde einweichen, dann abschütten, abspülen und abtropfen lassen. Pilze ggf. halbieren und harte Stiele entfernen. Ingwer und Knoblauch schälen und fein hacken. Das Grün der Frühlingszwiebel putzen, waschen und in dünne Ringe schneiden. Die Auberginen putzen, schälen und der Länge nach halbieren. Mit einem flachen, v-förmigen Schnitt einen Teil der Kerne entfernen, dann die gewölbte Seite im Abstand von 1 cm rautenförmig knapp 1 cm tief einschneiden.

Öl erhitzen, die Auberginen kurz anbraten, sodass sie etwas Farbe und somit Röstaromen annehmen, herausnehmen und auf Küchenpapier abtropfen lassen. Sambal Oelek, Ingwer, Knoblauch und die Bohnen im Wok mit der Brühe mischen, mit Zucker würzen und die Auberginen hineinlegen. Mit einem Deckel abdecken und leise sprudelnd kochen. Nach ca. 10 Minuten wenden, Essig, Sojasauce und Pilze zugeben. Weiter bei niedriger Temperatur kochen, dabei immer wieder mit der Sauce übergießen und die Flüssigkeit auf die Hälfte einkochen (bis zu diesem Punkt lässt sich das Gericht auch sehr gut vorbereiten).

Kartoffelstärke in wenig kaltem Wasser anrühren und die Sauce damit binden. Die Auberginen anrichten, mit der Sauce übergießen und mit dem Frühlingszwiebelgrün bestreuen.

冬菇炖老鸡

Am feinsten schmeckt dieser Eintopf mit frischem Winterbambus, wenn die Sprossen gerade aus dem Boden drücken und ihr Inneres noch zart und aromatisch ist. Persönlich verwendet Herr Wu auch gerne den schmackhaften Hühnerhals für diesen Eintopf.

EINTOPF MIT SUPPENHUHN, DONG-GU, MU-ERR-PILZEN UND WINTERBAMBUS

FÜR 4 REICHLICHE PORTIONEN (ODER 8 KLEINE)
ZUBEREITUNGSZEIT CA. 2½ STUNDEN
STANDZEIT CA. 1 STUNDE

15 g getrocknete Mu-Err-Pilze*
15 g getrocknete Dong-Gu-Pilze* (Shiitake)
50 g frischer Ingwer
2 Frühlingszwiebeln
1 Suppenhuhn (ca. 1,3 kg)
Salz
1 Bambussprosse oder 1 kleine Dose Winterbambussprossen* (Abtropfgewicht 140 g)

AUSSERDEM
3 Chilischoten zum Topping

Pilze mit kochendem Wasser überbrühen und ca. 1 Stunde einweichen, dann abschütten, abspülen und abtropfen lassen. Mu-Err-Pilze evtl. halbieren und harte Stiele entfernen, Dong-Gu-Pilze je nach Größe halbieren oder vierteln und Stiele entfernen. Ingwer schälen und in Scheiben schneiden, Frühlingszwiebeln putzen, waschen und in lange Stücke schneiden. Huhn waschen, Hals, Bürzel und Flügelspitzen abschneiden.
Das Huhn halbieren und mit den Knochen in mundgerechte Stücke schneiden oder hacken.
Das Huhn in einen Topf geben, mit Wasser bedecken und mit der Hälfte des Ingwers einmal richtig aufkochen. Abschütten, unter fließendem kaltem Wasser abspülen und abtropfen lassen. Erneut mit kaltem Wasser reichlich bedecken, den restlichen Ingwer und Frühlingszwiebeln zugeben und zum Kochen bringen. Mit einem Deckel verschließen und leise köcheln lassen.
Eintopf nach etwa 20 Minuten mit 1 gestr. EL Salz würzen, nach 1 Stunde die Pilze zugeben und mitkochen.
Bambus schälen, in 3 mm dicke Scheiben und diese in schräge, mundgerechte Stücke schneiden; nach ca. 30 Minuten zum Eintopf geben.
Der Eintopf ist fertig, wenn das Fleisch ganz weich ist. Es bleibt mitsamt den Knochen in der Suppe (das Abknabbern ist für Chinesen mindestens das halbe Vergnügen). Frühlingszwiebeln herausnehmen und den Eintopf nochmals sehr zurückhaltend mit Salz abschmecken.

Das Salz wird hier nicht in Form von tatsächlichen Kristallen zugegeben (obgleich man damit zusätzlich abschmecken kann), sondern durch die ziemlich salzigen fermentierten schwarzen Bohnen. Diese salzig, leicht scharfe Geschmacksrichtung gilt in China als Hausmannskost. Es ist wichtig, das Gericht in einem Zug zu kochen, da es sonst fettig schmeckt.

SCHWEINEBAUCH MIT „SALZ" GEBRATEN

FÜR 4 PORTIONEN
ZUBEREITUNGSZEIT CA. 20 MINUTEN

2 Knoblauchzehen
20 g frischer Ingwer
1 kleine rote Paprikaschote
1 kleine grüne Paprikaschote
150 g Chinakohl*, nur die festen Rippen
3 Frühlingszwiebeln
2 EL Rapsöl
500 g Schweinebauch ohne Schwarte, in sehr dünnen Scheiben (dafür am besten anfrieren)
2 geh. EL Breitebohnenpaste*
2 geh. EL Sambal Oelek*
2 EL fermentierte schwarze Bohnen*
2 EL dunkle Sojasauce
1 EL Hoisin-Sauce
1 EL Zucker
100 ml Reiswein*

Knoblauch und Ingwer schälen und fein hacken. Gemüse putzen, waschen und in 2 cm große Stücke schneiden, Frühlingszwiebeln putzen, waschen und schräg in dünne Ringe schneiden.
Öl im Wok stark erhitzen. Das Fleisch bei mittelgroßer Hitze unter ständigem Rühren braten, sodass das Fett aus dem Fleisch austritt. Wenn es beginnt, Farbe anzunehmen, das Fett größtenteils abgießen. Breitebohnenpaste, Sambal Oelek, Knoblauch, Ingwer, schwarze Bohnen und Sojasauce zugeben. Ca. 1 Minute weiterbraten, schwenken und rühren, dann Paprika, Chinakohl, Frühlingszwiebelringe, die Hoisin-Sauce, den Zucker und den Reiswein zugeben. So lange braten, rühren und schwenken, bis die Flüssigkeit ganz eingekocht ist und Fleisch und Gemüse glänzend überzieht. Sofort servieren.

盐煎肉

萝卜炖羊肉

Dieses Gericht ähnelt dem Schmortopf mit Rindfleisch und Kartoffeln und lässt sich ähnlich gut vor- und beinahe nebenbei zubereiten. Der Rettich bringt eine frische Note ins Spiel. Am schönsten sieht das dunkel glänzende Ragout aus, wenn es in einem Tontopf auf den Tisch kommt.

HEISSER TOPF MIT LAMM UND RETTICH

FÜR 4 PORTIONEN
ZUBEREITUNGSZEIT CA. 1½ STUNDEN

40 g frischer Ingwer
1 Frühlingszwiebel
500 g Lammkeule ohne Knochen
1 Sternanis
2 EL dunkle Sojasauce
1 EL Reiswein*
Salz
1 kleiner Daikon-Rettich (ca. 350 g)
evtl. Rapsöl
Zucker

Ingwer schälen und in Scheiben schneiden, Frühlingszwiebel putzen, waschen und in 3 cm lange Stücke schneiden. Fleisch waschen, in ca. 3 cm große Würfel schneiden und in einem Topf mit der Hälfte des Ingwers mit kaltem Wasser bedeckt einmal richtig aufkochen. Abschütten, unter fließendem kaltem Wasser abspülen und gut abtropfen lassen.

In einem ausreichend großen Topf erneut mit Wasser reichlich bedecken, Sternanis, den restlichen Ingwer, Sojasauce, Reiswein und 1 TL Salz zugeben und zum Kochen bringen. Mit einem Deckel verschließen und ca. 1 Stunde leise köcheln lassen.

Rettich schälen und in 1 cm dicke und breite Streifen, diese wiederum in lange Rauten schneiden. Wenn das Fleisch beinahe weich ist, Rettich untermischen und ca. 10 Minuten mitschmoren. Zum Schluss sollte der Fond beinahe eingekocht, das Ragout aber nicht zu trocken sein. Evtl. einen Spritzer Öl untermischen, damit es schön glänzt, dann mit ½ EL Zucker abschmecken.

Hierfür beim Fleischer unbedingt Schweineleber kaufen, die in der Konsistenz fester als Kalbsleber, aber cremiger als Rinderleber ist. Die Morcheln ergänzen die Leber mit ihrer glatten Struktur hervorragend.

SCHWEINELEBER MIT BAMBUS UND MU-ERR-PILZEN GEBRATEN

FÜR 4 PORTIONEN
ZUBEREITUNGSZEIT CA. 20 MINUTEN
STANDZEIT CA. 1 STUNDE

15 g getrocknete Mu-Err-Pilze*
1 mittelgroße Karotte
1 mittelgroße Bambussprosse*
(ersatzweise 1 kleine Dose Winterbambus in Wasser, Abtropfgewicht 140 g)
20 g frischer Ingwer
2 Frühlingszwiebeln, nur das Grün
400 g Schweineleber
250 ml Rapsöl
4 EL Sambal Oelek*
1 TL Chiliflakes*
2 TL dunkle Sojasauce
1 EL Reiswein*

HINWEIS
Dieses Gericht gelingt wesentlich besser, wenn man die Mengen halbiert.

Pilze mit kochendem Wasser überbrühen und ca. 1 Stunde einweichen, dann abschütten, abspülen und abtropfen lassen. Die Pilze ggf. halbieren und harte Stiele entfernen.
Karotte putzen und schälen, Bambussprosse vom festen Äußeren befreien, beides in ca. 3 mm dünne Scheiben und diese in 2 cm breite und 5 cm lange Streifen bzw. Rauten schneiden. Ingwer schälen und fein hacken. Frühlingszwiebelgrün putzen, waschen und schräg in dünne Ringe schneiden. Leber waschen, trocken tupfen und in dünne Scheibchen schneiden.
Öl im Wok erhitzen, Leber, Gemüse und Pilze kurz darin anschwenken. Alles in ein Sieb geben und abtropfen lassen, dabei jedoch etwa 3 EL Öl im Wok lassen. Darin Sambal Oelek, Chili, Ingwer und Frühlingszwiebelgrün anschwitzen.
Gemüse und Leber dazugeben, unter Schwenken und Rühren ca. 1 Minute weitergaren. Abschließend Sojasauce und Reiswein zugeben und unter Rühren und Schwenken schnell einkochen, sodass alles davon überzogen ist. Sofort servieren.

笋片炒猪肝

桂花糯米丸子

Eine Kombination aus Dessert und Tee: Der gleiche Teig der für die Klebreisbällchen, gekocht, mit schwarzer Sesampastefüllung (s. S. 148) verwendet wird, wird zu kleineren Kügelchen geformt, gekocht und in dem mit Osmanthusblüten aromatisierten Fond serviert. Osmanthusblüten gibt es getrocknet in gut sortierten Asialäden in Beuteln als Tee zu kaufen oder man bestellt sie online. Sie haben ein ganz spezielles Aroma, das an Mimosen erinnert, und sie färben den Fond leicht gelblich. Dazu harmoniert großartig ein gereifter edelsüßer Riesling.

KLEBREIS-BÄLLCHEN MIT OSMANTHUS-BLÜTEN

FÜR 4 PORTIONEN
ZUBEREITUNGSZEIT CA. 30 MINUTEN

100 g Klebreismehl
1 EL Zucker
wenige getrocknete Osmanthusblüten

AUSSERDEM
Klebreismehl zum Bearbeiten

Mehl auf der Arbeitsfläche anhäufen, in die Mitte eine Mulde drücken. 100 ml lauwarmes Wasser nach und nach hineingießen, dabei rühren und allmählich mit dem Mehl mischen. Es soll ein elastischer, sehr glatter, formbarer und nicht klebender Teig entstehen.
Dann zu einer ca. 2 cm dicken Rolle formen, in etwa 30 Stücke schneiden und diese mit den Händen zu Kugeln formen. Diese auf einen mit Klebreismehl bestäubten Teller setzen (so können die Bällchen auch vorbereitet und gekühlt oder eingefroren werden).
Zum Servieren einen großen Topf mit reichlich Wasser zum Kochen bringen und die Bällchen nacheinander hineingeben. Knapp 15 Minuten sehr leise sprudelnd kochen. In kleine Schälchen verteilen, den Fond leicht süßen, darübergießen und mit den Osmanthusblüten bestreuen.

Pandabär in der „Chengdu Research Base of Giant Panda Breeding“ – eine gemeinnützige Aufzucht- und Forschungseinrichtung für große Pandas und andere gefährdete Tierarten.

WIR MÖCHTEN HEUTE KEIN FLEISCH

VORSPEISEN

GURKE MIT INGWER UND CHILI, EINGELEGT
DONG-GU UND CHAMPIGNONS, EINGELEGT
TOFU MIT FRÜHLINGSZWIEBELN
TOFU NACH SHUZHOU-ART EINGELEGT

HAUPTGÄNGE

WÜRZ-TOFU MIT GEMÜSE, KURZGEBRATEN, MALA-SCHARF
DREI KÖSTLICHKEITEN AUS DEM GARTEN: AUBERGINE, KARTOFFELN, PEPERONI
TOFUBÄLLCHEN SÜSSSAUER
BROKKOLI MIT SICHUAN-PFEFFER UND CHILI, KURZGEBRATEN
EINTOPF MIT TOFU, CHINAKOHL UND SÜSSKARTOFFELNUDELN

Besonders an einem heißen Sommertag kann man davon eigentlich nie genug bekommen, weil diese Gurken so erfrischend süßsäuerlich-scharf schmecken.

GURKE MIT INGWER UND CHILI, EINGELEGT

FÜR 4 PORTIONEN
ALS KLEINE VORSPEISE
ZUBEREITUNGSZEIT CA. 20 MINUTEN
STANDZEIT CA. 6 STUNDEN

1 mittelgroße Salatgurke
1 EL Salz
20 g frischer Ingwer
2 EL Rapsöl
1 EL Sambal Oelek*
1 EL Zucker
2 EL Tafelessig

Gurke waschen, ungeschält halbieren und die Kerne mit einem v-förmigen Schnitt entfernen. Die Hälften in 5 cm lange Stücke und diese wiederum der Länge nach in knapp 1 cm breite Stäbchen schneiden. Mit dem Salz mischen und ca. 1 Stunde bei Zimmertemperatur ziehen lassen.

Für die Marinade den Ingwer schälen und in sehr dünne Streifen schneiden. Öl erhitzen, Ingwer und Sambal Oelek darin unter Rühren anrösten, bis der Ingwer etwas Farbe angenommen hat. Zucker gut untermischen, dann Tafelessig zugeben und kurz miterhitzen.

Gurken unter fließendem kaltem Wasser abspülen, gut abtropfen lassen, mit der Marinade mischen und ca. 5 Stunden oder über Nacht im Kühlschrank marinieren lassen. Als Vorspeise servieren.

酸辣腌黄瓜

双菇会

Dong-Gu ist der chinesische Name für die Pilze, die bei uns unter dem japanischen Namen Shiitake geläufig sind; wörtlich übersetzt bedeutet es „Winter-Pilze". In China gehören sie zu den unverzichtbaren Zutaten, weil sie viel Aroma und Umami mitbringen. Sie werden im Allgemeinen getrocknet angeboten. Die besten sind die mit den weißen Rissen in der braunen Kappe, die auch „Blumen-Pilze" oder „Hua-Gu" genannt werden.

DONG-GU UND CHAMPIGNONS, EINGELEGT

FÜR 4 PORTIONEN ALS BEILAGE
ZUBEREITUNGSZEIT CA. 15 MINUTEN
STANDZEIT CA. 26 STUNDEN

8 große getrocknete Dong-Gu-Pilze* (Shiitake)
8 große weiße Champignons
1 mittelgroße Zwiebel
2 Frühlingszwiebeln
4 EL Rapsöl
120 ml dunkle Sojasauce
120 ml Gemüsebrühe
Salz

Dong-Gu-Pilze mit kochendem Wasser überbrühen und ca. 1 Stunde einweichen, dann im Einweichwasser ca. 1 Stunde bei geringer Temperatur kochen und abkühlen lassen. Aus dem Kochfond nehmen. Der Fond kann anderweitig als Brüheersatz verwendet werden, da er sehr aromatisch ist. Die Pilze etwas ausdrücken, Stiele entfernen und die Pilze vierteln. Champignons putzen und halbieren. Zwiebel schälen und in dünne Streifen schneiden, Frühlingszwiebeln putzen, waschen und schräg in dünne Ringe schneiden.
Öl im Wok erhitzen, Zwiebel und Frühlingszwiebeln darin unter Rühren mit wenig Farbe anbraten, um das Öl zu aromatisieren. Mit einem Schaumlöffel herausnehmen, sie können für ein anderes Gericht verwendet werden.
Das Öl im Wok stark erhitzen und die Pilze unter Rühren schnell anbraten. Dann mit Sojasauce und Brühe ablöschen und die Flüssigkeit unter Rühren auf die Hälfte einkochen. Mit Salz abschmecken. Das Ergebnis soll würzig und leicht salzig sein. Auskühlen lassen und vor dem Verzehr ca. 24 Stunden im Kühlschrank ziehen lassen.

Trotz etwas Chili ist dies gewissermaßen eine „milde" Vorspeise, die sich gut mit schärferen Gerichten kombinieren und auch vorbereiten lässt. Herr Wu sagt, früher sei es nicht nötig gewesen, den Tofu abzukochen, aber heute schmecke er roh zu sauer.

TOFU MIT FRÜHLINGS-ZWIEBELN

小葱拌豆腐

FÜR 4 PORTIONEN
ZUBEREITUNGSZEIT CA. 15 MINUTEN

300 g fester Tofu, in Wasser eingelegt
1 Bund Frühlingszwiebeln, nur das Weiße
2 rote Chilischoten*
2 EL helle Sojasauce
Salz
2 TL geröstetes Sesamöl
Zucker

Den Tofu abtropfen lassen und in ca. 1 cm große Würfel schneiden. Reichlich Wasser erhitzen, Tofu zugeben, einmal aufkochen, abschütten, unter fließendem kaltem Wasser abspülen, gut abtropfen lassen und in eine Schüssel geben. Frühlingszwiebeln putzen, waschen und in dünne Ringe schneiden. Chilischoten putzen, waschen und mit einer Schere in dünne Röllchen schneiden. Beides mit den restlichen Zutaten zum Tofu geben und vorsichtig, aber gründlich mischen. Das Gericht soll leicht scharf und salzig schmecken.

苏式豆腐

Die Stadt Shuzhou liegt westlich von Shanghai am Taihu-See und ist für ihre weiblichen Schönheiten ebenso bekannt wie für die Vorliebe ihrer Einwohner für süße Gerichte. Das spiegelt sich auch bei dieser Zubereitungsart wider, die geschmacklich dem fertig gekauften Würztofu ähnelt, aber viel feiner, etwas süßer und vor allem in der Konsistenz saftiger ist.

TOFU NACH SHUZHOU-ART EINGELEGT

FÜR 4 PORTIONEN
ZUBEREITUNGSZEIT CA. 30 MINUTEN
STANDZEIT CA. 24 STUNDEN

1 Block fester Tofu, in Wasser eingelegt (ca. 550 g)
250 ml Gemüsebrühe
150 g Zucker
100 ml dunkle Sojasauce
1 gestr. TL Salz
2 Sternanise

AUSSERDEM
Rapsöl zum Frittieren

Den Tofu abtropfen lassen und in ca. 1 cm dicke Scheiben schneiden. Reichlich Öl zum Frittieren im Wok erhitzen und den Tofu darin portionsweise frittieren. Die Scheiben dabei vorsichtig bewegen, damit sie gleichmäßig goldbraun werden. Den Tofu mit einer Schaumkelle herausnehmen und auf Küchenpapier abtropfen lassen.
Das Öl ausgießen, den Tofu zurück in den Wok geben. Brühe, Zucker, Sojasauce, Salz und Sternanise dazugeben. Alles unter Schwenken auf etwa die Hälfte einkochen.
In eine Schüssel füllen, auskühlen lassen und vor dem Verzehr ca. 24 Stunden im Kühlschrank durchziehen lassen.

Sichuan-Pfeffer ist nicht nur scharf, sondern auch äußerst aromatisch. Hier duftet er mit der Würze des Tofus und dem Ingwer um die Wette. Ein guter Einstieg ins Mala-Scharfe, also der Kombination von Sichuan-Pfeffer und Chili, da keine wässrige Flüssigkeit im Spiel ist, durch die „sehr scharf" schnell zu „unerträglich höllisch scharf" werden kann …

WÜRZ-TOFU MIT GEMÜSE, KURZGEBRATEN, MALA-SCHARF

麻辣豆干

FÜR 4 PORTIONEN
ZUBEREITUNGSZEIT CA. 20 MINUTEN

300 g Würztofu*
120 g Chinakohl*, nur die festen Rippen
1 mittelgroße rote Paprikaschote
1 mittelgroße grüne Paprikaschote
4 große weiße Champignons
4 Stangen Staudensellerie
1 Bund Frühlingszwiebeln
40 g frischer Ingwer
16 rote Chilischoten*
150 ml Rapsöl
8 getrocknete rote Chilischoten*
4 EL dunkle Sojasauce
2 TL Sichuan-Pfeffer*, grob zerstoßen

Tofu in ca. 1½ cm große Würfel schneiden. Gemüse putzen, waschen und in ähnlich große Stücke schneiden. Frühlingszwiebeln putzen, waschen und in 1 cm breite Ringe schneiden. Ingwer schälen und fein hacken, frische Chili waschen und mit einer Schere in dünne Röllchen schneiden.

Öl im Wok erhitzen, Chinakohl, Paprika, Champignons und Sellerie darin ca. 1 Minute vorgaren, mit dem Schaumlöffel herausnehmen und das Öl bis auf etwa 2 EL ausgießen.

Wok wieder erhitzen und Frühlingszwiebeln, Ingwer, frische und getrocknete Chili unter Schwenken ca. 3 Minuten ohne Farbe anschwitzen. Dann das Gemüse und den Tofu sowie die Sojasauce zugeben. Alles gut durchschwenken, dabei einkochen und glasieren. Schließlich den Sichuan-Pfeffer untermischen, kurz mitbraten und anrichten.

地三鲜

Ein an sich sehr schlichtes Gemüsegericht, das aber durch die unterschiedlichen Texturen alles andere als langweilig ist: die Kartoffeln dunkel frittiert und fest, die Auberginen eher weich und von Öl und Gewürzen durchdrungen, die Peperoni knackig und frisch.

DREI KÖSTLICHKEITEN AUS DEM GARTEN: AUBERGINE, PEPERONI, KARTOFFELN

FÜR 4 KLEINE PORTIONEN
ZUBEREITUNGSZEIT CA. 20 MINUTEN

30 g frischer Ingwer
3 Frühlingszwiebeln, nur das Grün
1 Aubergine
2 große festkochende Kartoffeln
4 lange, dunkelgrüne, leicht scharfe Peperoni
2 EL Rapsöl
1 EL helle Sojasauce
200 ml Gemüsebrühe
2 TL dunkle Sojasauce

AUSSERDEM
Rapsöl zum Frittieren

Ingwer schälen und fein hacken, Frühlingszwiebelgrün putzen, waschen und schräg in dünne Ringe schneiden. Aubergine putzen, waschen und ungeschält längs in ca. ½ cm dicke Scheiben, diese wiederum in Rauten mit etwa 3 cm Kantenlänge schneiden. Kartoffeln schälen und in ähnlich dicke Scheiben und Rechtecke schneiden. Peperoni putzen, waschen, längs halbieren, entkernen und schräg in passende Stücke schneiden. Es soll alles zusammen harmonisch aussehen, aber nicht langweilig.

Reichlich Öl zum Frittieren erhitzen. Zuerst die Kartoffeln hineingeben und leicht bewegen, damit sie nicht zusammenkleben. Wenn sie Farbe annehmen, Auberginen und Peperoni dazugeben. Nach ca. 30 Sekunden alles mit einer Schaumkelle herausnehmen und auf Küchenpapier abtropfen lassen.

Im Wok das Öl erhitzen, Ingwer und Frühlingszwiebeln anschwitzen, mit der hellen Sojasauce ablöschen und das Gemüse dazugeben. Durchschwenken, Brühe und dunkle Sojasauce zugeben und bei starker Hitze schmoren und rühren, bis die Flüssigkeit nahezu eingekocht und das Gemüse glasiert ist. Sofort anrichten.

Die Wasserkastanien sorgen für Biss bei den Tofubällchen, die am besten schmecken, wenn sie wirklich direkt serviert werden, also außen noch schön knusprig sind. Die süßsaure Sauce passt aber auch sehr gut zu Fisch oder hellem Fleisch.

TOFUBÄLLCHEN SÜSSSAUER

FÜR 4 KLEINE PORTIONEN
ZUBEREITUNGSZEIT CA. 30 MINUTEN
STANDZEIT CA. 1 STUNDE

4 getrocknete Mu-Err-Pilze*
10 Wasserkastanien (ca. 50 g, aus der Dose, in Wasser eingelegt)
1 Block fester Tofu, in Wasser eingelegt (ca. 550 g)
1 Ei
Salz
½ kleine rote Paprikaschote
½ kleine grüne Paprikaschote
4 mittelgroße weiße Champignons
300 ml Gemüsebrühe
4 EL Zucker
100 ml Chinkiang-Essig*
2 EL Sojasauce
2 TL Kartoffelstärke

AUSSERDEM
Rapsöl zum Frittieren

Mu-Err-Pilze mit kochendem Wasser überbrühen und ca. 1 Stunde einweichen, dann abschütten, abspülen und abtropfen lassen. Die Pilze ggf. halbieren und harte Stiele entfernen.
Wasserkastanien mit der flachen Seite des Küchenbeils mit einigen kräftigen Schlägen zerkleinern. Tofu abtropfen lassen und in einer Schüssel mit der Hand zerdrücken. Ei leicht verquirlen, mit den Wasserkastanien und 1 guten Prise Salz zum Tofu geben, alles gut vermischen. Reichlich Öl zum Frittieren erhitzen. Aus der Masse mit den Händen 16 Bällchen formen und im heißen Fett ca. 3 Minuten vorfrittieren (bis zu diesem Punkt lassen sie sich auch vorbereiten). Mit dem Schaumlöffel herausnehmen und auf Küchenpapier abtropfen lassen.

Paprikaschoten putzen und waschen, Champignons putzen, beides in ca. 1 cm große Würfel schneiden, ebenso die Mu-Err-Pilze. Brühe, Zucker, Essig und Sojasauce aufkochen und die Flüssigkeit um etwa ein Drittel einkochen. Die Stärke mit wenig kaltem Wasser anrühren und die Sauce damit binden, Gemüsewürfel zugeben und noch ca. 1 Minute kochen.
Währenddessen die Tofubällchen zum zweiten Mal frittieren, sodass sie goldbraun und knusprig sind. Aus dem Öl nehmen, auf Küchenpapier kurz abtropfen lassen, auf Tellern anrichten und mit der Sauce übergießen.

炸豆腐丸子

炝炒西兰花

Eine wunderbar schnelle Zubereitungsart für Gemüse, mit etwas Schärfe, die durch Öl und Röstaromen ausgeglichen wird. Herr Wu sagt, es sei wichtig, das Salz mit den Fingern mehrmals sorgfältig über den Brokkoli zu streuen, um ihn wirklich gleichmäßig zu salzen.

BROKKOLI MIT SICHUAN-PFEFFER UND CHILI, KURZGEBRATEN

FÜR 4 PORTIONEN ALS BEILAGE
ZUBEREITUNGSZEIT CA. 20 MINUTEN

400 g Brokkoli
100 ml Rapsöl
1 geh. TL getrockneter Sichuan-Pfeffer*
4 getrocknete rote Chilischoten*
Salz

Brokkoli putzen, waschen und in Röschen teilen. Die Strünke kann man schälen, je nach Dicke der Länge nach vierteln und ähnlich zubereiten. Öl im Wok erhitzen. Den Brokkoli sehr kurz knackig vorgaren, herausnehmen und auf Küchenpapier gut abtropfen lassen. Das Öl nahezu vollständig abgießen, in dem Rest den Sichuan-Pfeffer anbraten, bis er richtig duftet, dann die Chilischoten mitrösten. Den Brokkoli wieder zugeben, salzen und nochmals mitbraten, bis er etwas Farbe bekommt. Dann sofort servieren.

Für kalte Tage ein wunderbar wärmender, durch die milden Kohlspitzen und den weichen Tofu den Gaumen geradezu streichelnder Eintopf. Besonders im Norden Chinas ist Chinakohl so verbreitet wie hierzulande Kartoffeln, deshalb wird er wörtlich übersetzt einfach „weißes Gemüse" genannt.

EINTOPF MIT TOFU, CHINAKOHL UND SÜSSKARTOFFELNUDELN

FÜR 2 GROSSE ODER 4 KLEINE PORTIONEN
ZUBEREITUNGSZEIT CA. 45 MINUTEN

60 g Süßkartoffel-Glasnudeln*
240 g fester Tofu, in Wasser eingelegt
500 g Chinakohl*, nur die oberen weichen Blätter
3 Frühlingszwiebeln, nur das Grün
60 g frischer Ingwer
2 EL Rapsöl
3 getrocknete rote Chilischoten*
1 EL dunkle Sojasauce
1,1 l Gemüsebrühe
1 EL helle Sojasauce

Die Nudeln in reichlich kaltem Wasser einweichen.
Den Tofu abtropfen lassen und in ca. 1 cm dicke, mundgerechte Rechtecke schneiden. Reichlich Wasser erhitzen und den Tofu darin aufkochen. Abschütten, schnell unter kaltem Wasser abspülen und abtropfen lassen.
Chinakohl putzen, waschen und die Blätter mit den Händen grob in Stücke reißen. Frühlingszwiebelgrün putzen, waschen und in dünne Ringe schneiden. Ingwer schälen und in sehr dünne Streifen schneiden.
Öl im Wok erhitzen, Frühlingszwiebelgrün, Ingwer und Chili darin ohne Farbe anschwitzen. Dunkle Sojasauce und ca. 200 ml Brühe sowie den Chinakohl zugeben und kurz durchschwenken.
Dann den Rest der Brühe zugießen, die Nudeln und den Tofu zugeben. Alles mischen, einmal aufkochen und mit der hellen Sojasauce abschmecken.
Den Eintopf in feuerfeste Töpfe verteilen, mit Deckeln verschließen und am besten darin nochmals erhitzen, sodass alles einmal richtig durchbrodelt.

白菜豆腐炖粉条

Reisfelder in Xichang, Sichuan.

WIR FEIERN AM GROSSEN RUNDEN TISCH, HERR WU HAT EINIGES VORBEREITET

VORSPEISEN

PIDAN MIT TOFU
QUALLE
BANG-BANG-JI – BANG-BANG-HÄHNCHEN
LAMMSPIESSE
WEISSKOHL, EINGELEGT
KAOFU MIT LILIENBLÜTEN, MU-ERR-PILZEN UND ERDNÜSSEN

HAUPTGÄNGE

GARNELEN IN SALZ-CHILI-PFEFFER
PEKING-ENTE
WEIZENFLADEN
MAPO TOFU, MALA-SCHARF
DAN-DAN-MIAN – LANGE, DÜNNE NUDELN IN HACKFLEISCH-CHILI-ÖL-SAUCE
LAMMHAXE MIT ZWIEBELN, KREUZKÜMMEL UND CHILI
HÄHNCHEN MIT KNOBLAUCH UND CHILI
WOLFSBARSCH, GEDÄMPFT, MIT INGWER, FRÜHLINGSZWIEBELN UND SOJASAUCE
HEISSER TOPF MIT RINDFLEISCH UND KARTOFFELN
SCHWEINEBAUCH, FRITTIERT, SÜSSSAUER
KLARE RETTICH-SUPPE MIT RIPPCHEN

DESSERT

KLEBREISBÄLLCHEN, GEKOCHT, MIT SCHWARZER SESAMPASTE-FÜLLUNG

Für dieses Gericht sind frischere, cremige Pidan der Idealfall. Aber Herr Wu sagt selbst, dass man das eigentlich dem Zufall überlassen muss.

PIDAN MIT TOFU

豆腐拌皮蛋

FÜR 4 PORTIONEN ALS VORSPEISE
ZUBEREITUNGSZEIT CA. 15 MINUTEN

4 Pidan*
200 g fester Tofu, in Wasser eingelegt
2 Frühlingszwiebeln, nur das Grün
4 EL helle Sojasauce
1 EL geröstetes Sesamöl
Salz
Zucker

Pidan schälen und unter fließendem kaltem Wasser abspülen, um ihnen den leichten Schwefelduft zu nehmen und sie zum Glänzen zu bringen. In ca. 1 cm große Würfel schneiden.
Tofu abtropfen lassen und ebenfalls in ca. 1 cm große Würfel schneiden. Reichlich Wasser zum Kochen bringen, die Tofuwürfel darin kurz kochen und herausnehmen. Unter kaltem Wasser abspülen und gut abtropfen lassen; er schmeckt dann weniger sauer.
Frühlingszwiebelgrün putzen, waschen und in dünne Ringe schneiden. In einer Schüssel vorsichtig mit Ei und Tofu mischen. Sojasauce und Sesamöl dazugeben, mit je 1 Prise Salz und Zucker abschmecken.

Qualle klingt fremd, ist aber im Geschmack eher neutral, deshalb ist das Marinieren wichtig. Aus chinesischer Sicht ist das Wunderbare an dem schlüpfrigen Nichts die Textur: ganz glatt, mit viel elastischem Biss und doch nicht zäh… Quallen gibt es küchenfertig vorbereitet und fertig gegart im Asialaden.

QUALLE

葱油海蜇

FÜR 4 PORTIONEN ALS VORSPEISE
ZUBEREITUNGSZEIT CA. 10 MINUTEN

3 Päckchen Qualle (Einwaage jeweils 170 g)
3 Frühlingszwiebeln, nur das Grün
Salz
Zucker
2 EL helle Sojasauce
3 EL Frühlingszwiebelöl (s. S. 199)

Qualle aus der Verpackung nehmen, unter fließendem kaltem Wasser in einem Sieb abspülen und gut abtropfen lassen. In ca. 7 cm lange Streifen schneiden. Frühlingszwiebelgrün putzen, waschen und in dünne Ringe schneiden.
In einer Schüssel die Frühlingszwiebeln mit Quallen, je 1 Prise Salz und Zucker, Sojasauce und Frühlingszwiebelöl gründlich mischen. Das Gericht soll relativ ölig sein, was die Textur der Qualle noch unterstreicht.

棒棒鸡

Dieses Gericht kommt aus einem kleinen Ort südlich von Chengdu, der Hauptstadt von Sichuan, der für seine guten Hühner bekannt ist. Dort gab es früher Stände, die gekochtes, kaltes Huhn in mundgerechten Stücken in einer köstlichen, salzig-süß-scharfen Sauce feilhielten. Um die Knochen zu zerkleinern (filetiertes Fleisch ist aus chinesischer Sicht nur das halbe Vergnügen), schlugen sie mit kleinen Holzhämmern, bang, auf ihre Küchenbeile. Es gibt viele Versionen vom Bang-Bang-Ji, oft mit Frühlingszwiebel anstelle der Gurke.

BANG-BANG-JI, BANG-BANG-HÄHNCHEN

BANG-BANG-JI
BANG-BANG-HÄHNCHEN

FÜR 4 PORTIONEN
ZUBEREITUNGSZEIT CA. 20 MINUTEN

1 mittelgroße Salatgurke
1 Frühlingszwiebel, nur das Grün
300-400 g gekochtes Hähnchenfleisch, ohne Haut
Bang-Bang-Ji-Marinade (s. n.)
1 EL geröstete Sesamsamen

Gurke putzen, waschen und ungeschält schräg in ca. ½ cm dicke Scheiben und diese wiederum in Streifen schneiden. Auf vier Tellern in der Mitte kreisförmig verteilen. Frühlingszwiebelgrün putzen, waschen und in Ringe schneiden. Das gekochte Hähnchenfleisch (es sollte Zimmertemperatur haben) mit der flachen Seite des Küchenbeils etwas klopfen, dann mit den Händen fein zupfen und jeweils als kleinen Berg auf die Gurke setzen.
Die Marinade über das Hähnchenfleisch träufeln.
Das Ganze mit geröstetem Sesam sowie den Frühlingszwiebelringen bestreuen und erst am Tisch mischen.

BANG-BANG-JI-MARINADE*

FÜR 4 PORTIONEN
ZUBEREITUNGSZEIT CA. 15 MINUTEN

1 EL Zucker
2 EL dunkle Sojasauce
1 EL Chinkiang-Essig*
3 EL (ca. 60 g) chinesische Sesampaste* (ersatzweise Tahin oder Erdnussbutter)
1 TL geröstetes Sesamöl
2 EL Chili-Öl (s. S. 199)
½ TL fein zerstoßener getrockneter Sichuan-Pfeffer*
evtl. Salz

Zucker in einer Schüssel mit Sojasauce und Essig verrühren, bis er sich aufgelöst hat. Dann nach und nach die Sesampaste mit einer Gabel unterarbeiten, damit eine glatte Sauce entsteht. Zum Schluss Öle und Pfeffer untermischen, evtl. mit etwas Salz abschmecken.

***Achtung, Suchtpotenzial!**
Diese Marinade ist einfach köstlich: dunkel und sirupartig wie Crema di Balsamico, aber nussig und scharf … Sie schmeckt nicht nur im Bang-Bang-Ji, sondern auch auf jeder anderen Art von gegrilltem Fleisch oder Gemüse und hält sich mehrere Wochen im Kühlschrank. Chinesische Sesampaste ist oft dunkler als das mediterrane Tahin, das hierzulande jedoch einfacher aufzutreiben ist (und auch verwendet werden kann).

Lamm wird in China traditionell fast ausschließlich im Norden gegessen, auch der Kreuzkümmel als Gewürz deutet auf diese Region hin. In ganz China mag man hingegen schnell gebratenes Fleisch in dünnen Streifen, die auf Holzspießchen aufgefädelt werden und sich wunderbar abknabbern lassen. Am allerbesten gelingen sie auf dem Grill.

LAMMSPIESSE

羊肉串

FÜR 4 PORTIONEN ALS VORSPEISE
ZUBEREITUNGSZEIT CA. 30 MINUTEN
STANDZEIT CA. 15 MINUTEN

300 g Lammschulter ohne Knochen
½ EL Sambal Oelek*
2 EL helle Sojasauce
Salz
Zucker
1 TL Chiliflakes*
1 TL Kreuzkümmel, im Mörser grob zerstoßen

AUSSERDEM
Rapsöl zum Frittieren

Lammschulter waschen, trocken tupfen und in ca. ½ cm dicke, 3 cm breite und 10 cm lange Streifen schneiden. In einer Schüssel mit Sambal Oelek, Sojasauce, je 1 Prise Salz und Zucker mit den Händen gründlich mischen und ca. 15 Minuten marinieren lassen. Dann die Fleischstreifen der Länge nach auf 12 Holzspieße stecken.
Reichlich Öl zum Frittieren erhitzen, die Spieße darin unter vorsichtigem Bewegen ca. 30 Sekunden garen. Mit einem Schaumlöffel herausnehmen, ca. 2 Minuten abkühlen lassen, dann nochmals etwa 15 Sekunden frittieren, damit sie schön knusprig werden. Auf Küchenpapier abtropfen lassen. Alternativ zum Frittieren die Spieße auf dem Grill knusprig braten.
In einer flachen Pfanne Chiliflakes und Kreuzkümmel ohne Fett erhitzen, bis sie richtig duften, die Lammspieße darin wenden und sofort servieren.

泡腌卷心菜

Weder salzigsauer wie Sauerkraut, noch knoblauchscharf wie koreanisches Kimchi, sondern dezent süß-salzig-sauer ist dieser eingelegte Weißkohl, der durch Kurkuma gelb leuchtet.

WEISSKOHL, EINGELEGT

FÜR 4 PORTIONEN ALS BEILAGE
ZUBEREITUNGSZEIT CA. 40 MINUTEN
STANDZEIT CA. 4 TAGE

500 g Weißkohl
1 mittelgroße Karotte
2 TL gemahlenes Kurkuma
2 EL Salz
50 g Zucker
100 ml Tafelessig
½ EL Currypulver

Weißkohl putzen, vierteln, den Strunk herausschneiden und die Viertel in dünne Streifen schneiden oder hobeln. Die Karotte putzen, schälen und ebenfalls in dünne Streifen schneiden oder hobeln, dann unter den Kohl mischen. Mit 1 gestr. TL Kurkuma und Salz mischen und bei Zimmertemperatur über Nacht ziehen lassen.
Am nächsten Tag in ein Sieb schütten, unter fließendem kaltem Wasser abspülen und sehr gut abtropfen lassen. Zucker, Essig, Currypulver und restliches Kurkuma mit 100 ml Wasser verrühren, gut mit dem Kohl mischen, abdecken und ca. 3 Tage ziehen lassen, dabei gelegentlich durchmischen. Als Beilage servieren.

Eine wirklich ungewöhnliche Vorspeise, süßlich und sehr saftig. Sie schmeckt sowohl warm als auch kalt und sieht sehr dekorativ aus. Kaofu ist kein Tofu, sondern reines Weizengluten, das wie Sauerteigbrot vergoren und gebacken wird. Es wirkt wie eine Kreuzung zwischen Schwamm und Roggenbrot und duftet leicht säuerlich. Diese Zubereitung ist typisch für Shanghai, und die Kombination verschiedener Texturen verleiht dem Ganzen eine besondere Spannung.

KAOFU MIT LILIENBLÜTEN, MU-ERR-PILZEN UND ERDNÜSSEN

FÜR 4 PORTIONEN
ZUBEREITUNGSZEIT CA. 45 MINUTEN
STANDZEIT CA. 75 MINUTEN

15 g getrocknete Mu-Err-Pilze*
20 g getrocknete Lilienblüten
20 g frischer Ingwer
1 Block Kaofu (Gluten, ca. 300 g)
450 ml Rapsöl
1 EL dunkle Sojasauce
3 EL helle Sojasauce
Zucker
50 g ganze Erdnusskerne

Pilze mit kochendem Wasser überbrühen und ca. 1 Stunde einweichen, dann abschütten, abspülen und abtropfen lassen. Die Pilze ggf. halbieren und harte Stiele entfernen.

Lilienblüten in kaltem Wasser ca. 15 Minuten einweichen, dann in frischem Wasser waschen, abtropfen lassen und die Stielansätze abknipsen. Ingwer schälen und fein hacken.

Reichlich Wasser zum Kochen bringen und Kaofu ca. 3 Minuten kochen. Abschütten, vorsichtig, aber fest ausdrücken und in ca. 1 ½ cm große Würfel schneiden.

Öl erhitzen und Kaofu darin unter vorsichtigem Bewegen ca. 10 Sekunden frittieren, mit einem Schaumlöffel herausnehmen und auf Küchenpapier abtropfen lassen. Das Öl bis auf etwa 3 EL abschütten. Ingwer darin kurz anschwitzen, Kaofu zugeben und unter Schwenken bei starker Hitze ca. 1 Minute braten. Sojasaucen und 2 EL Zucker zugeben, weiterschwenken und braten. Mit 300 ml Wasser ablöschen, weiterkochen, dabei immer bewegen, damit am Rand nichts anbrennt. Nach ca. 3 Minuten Pilze und Lilienblüten zugeben, mitgaren und die Flüssigkeit immer weiter einkochen.

Zum Schluss soll sich am Boden keine Flüssigkeit mehr befinden, der Kaofu aber ganz saftig sein und alles schön glänzen. Dann die Erdnüsse untermischen, nochmals mit Zucker leicht süßlich abschmecken und anrichten.

四喜烤麸

椒盐煎虾

Ein wunderschön orangerot leuchtendes Gericht, mit sehr klarem Chili-Aroma, aber keineswegs betäubend scharf. Hier nicht die Finger einzusetzen, sondern die Garnelen mit Stäbchen aus den Schalen zu operieren, verlangt sehr fortgeschrittene Künste und muss wirklich nicht sein!

GARNELEN IN SALZ-CHILI-PFEFFER

FÜR 4 PORTIONEN
ZUBEREITUNGSZEIT CA. 20 MINUTEN

2 große Zwiebeln
½ grüne Paprikaschote
½ rote Paprikaschote
16 ungeschälte Garnelen mit Kopf
3 EL Rapsöl
2 TL Chiliflakes*
2 TL Sichuan-Pfeffer*, im Mörser grob zerstoßen
2 gestr. TL Salz

AUSSERDEM
Rapsöl zum Frittieren

Zwiebeln schälen, Paprika putzen und waschen, beides in ca. ½ cm große Würfel schneiden. Garnelen waschen und trocken tupfen. Die Garnelen schälen, mit einer Schere entlang des Rückens aufschneiden, Fühler und Beine bis auf die Ansätze abschneiden.
Reichlich Öl zum Frittieren erhitzen. Im Wok 3 EL Öl erhitzen, Zwiebeln und Paprika darin unter Rühren und Schwenken schnell mit wenig Farbe anschwitzen, zum Schluss Chili und Sichuan-Pfeffer mitbraten. Gleichzeitig die Garnelen frittieren. Das geht sehr schnell, ca. 30 Sekunden sind genug. Mit einem Schaumlöffel herausnehmen, mit dem Salz zu den Zwiebeln geben, alles nochmals bei starker Hitze durchschwenken und anrichten.

PEKING-ENTE

Über dieses Gericht ließe sich natürlich ein ganzer Roman schreiben. Angeblich hat es sich aus der Art, wie Spanferkel am Kaiserhof zubereitet wurden, entwickelt und zog dann mit dem Kaiser von Nanjing, der ursprünglichen Hauptstadt, nach Beijing. Für die Peking-Ente als solche ist vor allem die knusprige Haut wichtig, mit nur wenig Brustfleisch. Wie die geräucherte Tee-Ente (s. S. 165) ist auch dies kein Gericht, das Chinesen zu Hause zubereiten; das überlässt man den Profis in spezialisierten Restaurants. Aber mit ein bisschen Zeit und Geduld ist es durchaus machbar.

北京鸭

Im Hot Spot gibt es Peking-Ente nur auf Vorbestellung und auch dann nur maximal fünf Stück am Tag. Dazu wird nicht nur allerlei Beiwerk, wie kleine dünne Weizenteigfladen, Frühlingszwiebel- und Gurkenstreifen und die süß-würzige Hoisin-Sauce gereicht, sondern auch als separater Gang mit Gemüse gebratenes Entenfleisch und zum Schluss eine Brühe aus den Entenknochen.

PEKING-ENTE

FÜR 4 KLEINE PORTIONEN
ZUBEREITUNGSZEIT CA. 3 TAGE

1 küchenfertige Ente, mit unbeschädigter Haut (ca. 1,8 kg)
3 EL flüssiger Honig
300 ml Tafelessig
3 Frühlingszwiebeln, nur das Weiße
10 cm Salatgurke
Hoisin-Sauce
20 Weizenfladen (s. n.)

AUSSERDEM
Rapsöl zum Frittieren

Ente waschen, dabei ggf. Federkiele entfernen, mit Küchenpapier gut abtrocknen und über Nacht an einem kühlen Ort vor einen Ventilator hängen, dafür einen Fleischhaken durch den Hals ziehen. Am nächsten Tag ca. 3 l Wasser in einem Wok oder einem entsprechend großen, flachen Topf mit Honig und Essig aufkochen, die Ente am Haken darüberhalten und mit einer Kelle von allen Seiten mindestens zehnmal übergießen. Dann ein weiteres Mal 5-6 Stunden vor den Ventilator hängen. Diese Glasur sorgt für den charakteristischen Geschmack, eine schöne Farbe und macht die Haut ganz glatt und leicht aufgeblasen, sodass sie später besonders knusprig wird.

Den Backofen auf 160 °C Ober- und Unterhitze vorheizen, die Ente in einen Bräter legen, 1 Stunde braten und herausnehmen (bis zu diesem Punkt lässt sich die Peking-Ente gut vorbereiten).

Frühlingszwiebeln putzen und waschen, Gurke waschen, aber nicht schälen. Beides längs in sehr dünne Streifen schneiden.

Reichlich Öl zum Frittieren erhitzen, die Ente kurz frittieren, sodass die Haut rotbraun glänzt. Auf den Rücken legen und am Schenkel festhalten. Die Haut um die Brust bis über die Mitte der Oberschenkel rundherum vorsichtig einschneiden. Dann entlang des Brustbeins einschneiden und von dort in zwei Hälften mit etwas Fleisch flach abschneiden und anheben. In ca. 1 cm breite Streifen schneiden und in der ursprünglichen Form der Ente anrichten.

Mit Frühlingszwiebeln, Gurke, Hoisin-Sauce und den kleinen Weizenfladen servieren. Am Tisch bestreicht man die Fladen mit ein wenig Sauce, belegt sie mit Gemüse und Ente, rollt sie zusammen – und genießt!

In der Küche hingegen halbiert man sofort die Karkasse für die Brühe, bedeckt sie mit kaltem Wasser und bringt das Ganze zum Kochen. Nach ca. 30 Minuten sollte das etwa 2 kleine Schälchen aromatische Flüssigkeit hervorbringen, die auf keinen Fall mit Sojasauce abgeschmeckt werden darf, sondern hell bleiben soll. Herr Wu fügt aber gern etwas Chili hinzu, als Kontrapunkt zum intensiven Entengeschmack.

Wie auch die Teigtaschen gehören diese kleinen Fladen zu den Dingen, die im Norden Chinas selbst Kinder mühelos und ziemlich perfekt beherrschen. Als Südchinese oder europäischer Laie braucht es ein wenig Geduld und Gefühl – aber es lohnt sich. Herr Wu sagt, er würde die Fladen nur allzu gerne fertig kaufen, weil ihre Herstellung in den von ihm benötigten Mengen ziemlich zeitaufwendig ist, aber die Fertigware schmecke durch die Bank weg fürchterlich.

WEIZENFLADEN

薄面饼

FÜR 40 FLADEN
ZUBEREITUNGSZEIT CA. 2 STUNDEN
STANDZEIT CA. 15 MINUTEN

500 g Weizenmehl
5 EL Rapsöl

AUSSERDEM
Mehl zum Bearbeiten

300 ml Wasser zum Kochen bringen. Das Mehl in eine Schüssel sieben, nach und nach mit einem Holzlöffel das heiße Wasser untermischen. Sobald das von der Temperatur her möglich ist, mit den Händen zu einem festen, aber elastischen Teig verkneten. Unter einer umgedrehten Schüssel bei Raumtemperatur ca. 15 Minuten ruhen lassen. Dann den Teig auf einer leicht bemehlten Arbeitsfläche nochmals kräftig durchkneten und zu einer Rolle von ca. 3 cm Durchmesser formen. Dafür den Teig am besten halbieren. Die beiden Rollen jeweils in 20 Stücke schneiden, dabei nach jedem Schnitt um 90 Grad drehen, damit die Teigstücke nicht oval werden. Die Teigstücke rundum kräftig mit Mehl bestäuben. Dann jedes einzelne Stück mit den Handtellern flach drücken. Alle 20 Stücke mit Öl bepinseln und die restlichen 20 darauflegen. Diese Doppelteigstücke mit dem Rollholz zu sehr dünnen Fladen von ca. 15 cm Durchmesser ausrollen. Dabei darf der Rand ruhig unregelmäßig sein.

Eine große flache Pfanne mit wenig Öl einpinseln und die Doppelfladen bei mittlerer Hitze von beiden Seiten je ca. 1 Minute backen. Sie sollen ein paar goldbraune Flecken bekommen. Beim herausnehmen die beiden Fladen vorsichtig voneinander trennen und mit einer Tasse oder einem Schälchen als Schablone mit einem spitzen Messer gleichmäßig rund schneiden. Vor dem Servieren als Stapel in Alufolie einwickeln und im Dampf erwärmen – das funktioniert auch gut im Reiskocher. Die Fladen lassen sich prima einfrieren.

Dieser scharf gewürzte Tofu ist eines der berühmtesten Gerichte der Sichuan-Küche. Es ist nach seiner pockennarbigen Urheberin benannt, Mutter Chen, die es angeblich für Arbeiter zubereitet hat. Es wird denn auch traditionell nicht auf einem Teller, sondern etwas rustikaler in einer Schüssel serviert. Viele verwenden Rind- statt Schweinefleisch, für eine vegetarische Variante kann man auf das Fleisch auch verzichten und Gemüsebrühe verwenden.

MAPO TOFU, MALA-SCHARF

FÜR 4 PORTIONEN
ZUBEREITUNGSZEIT CA. 20 MINUTEN

600 g fester Tofu, in Wasser eingelegt
20 g frischer Ingwer
1 große Knoblauchzehe
2 Frühlingszwiebeln, nur das Grün
50 ml Rapsöl
1 geh. EL Sambal Oelek*
1 geh. EL Breitebohnenpaste*
1 geh. EL fermentierte schwarze Bohnen*
100 g Schweinehackfleisch
1 geh. EL gestoßener Sichuan-Pfeffer*
200 ml Hühnerbrühe (s. S. 198)
4 EL dunkle Sojasauce

AUSSERDEM
Rapsöl zum Frittieren

Tofu abtropfen lassen und in ca. 1½ cm große Würfel schneiden. Reichlich Wasser erhitzen und den Tofu darin einmal aufkochen, um ihm den sauren Geschmack zu nehmen. Unter kaltem Wasser abspülen und abtropfen lassen.
Ingwer und Knoblauch schälen und fein hacken, Frühlingszwiebelgrün putzen, waschen und in dünne Ringe schneiden. Öl im Wok erhitzen, Sambal Oelek, Bohnenpaste, Ingwer und Knoblauch sowie die schwarzen Bohnen unter Rühren anrösten. Schweinehack und Sichuan-Pfeffer zugeben und mitbraten, dabei weiterhin ständig rühren und schwenken. Mit Brühe und Sojasauce ablöschen und die Flüssigkeit auf die Hälfte einkochen. Dann den Tofu dazugeben, vorsichtig schwenken und rütteln statt rühren, damit er nicht zerfällt. Mit Frühlingszwiebelgrün bestreut servieren.

麻婆豆腐

担担面

Diese Nudeln sind Sichuans Currywurst, so beliebt sind sie. Früher wurden sie von Straßenhändlern verkauft, die Öfchen, Nudeln und Sauce an einer Bambusstange auf den Schultern trugen. Heute gibt es sie in unzähligen Imbissläden und Restaurants. Jeder hat sein wohl gehütetes Geheimrezept. Man kann die Saucenzutaten auch direkt in den Suppenschalen in der Mikrowelle erwärmen und die frisch gekochten Nudeln daraufgeben. Besser schmeckt das Ganze aber natürlich, wenn man die Sauce im Wok frisch zubereitet.

DAN-DAN-MIAN LANGE, DÜNNE NUDELN IN HACKFLEISCH-CHILI-ÖL-SAUCE

FÜR 4 KLEINE ODER 2 GROSSE PORTIONEN
ZUBEREITUNGSZEIT CA. 20 MINUTEN

2 Frühlingszwiebeln
20 g frischer Ingwer
4 EL Salzkohl* (eingelegte Senfkohlblätter)
2 EL Rapsöl
100 g Schweinehackfleisch
2 EL Sojasauce
Salz
4 EL Chili-Öl (s. S. 199)
300 g lange dünne Eiernudeln
400 ml Hühnerbrühe (s. S. 198)

Frühlingszwiebeln putzen, waschen und schräg in dünne Ringe schneiden. Ingwer schälen und fein hacken. Salzkohl unter fließendem kalten Wasser gut abspülen, abtropfen lassen, etwas ausdrücken und grob hacken. 1 EL Öl im Wok erhitzen, Salzkohl darin sehr kurz anschwitzen und auf Suppenschalen verteilen. Das restliche Öl im Wok erhitzen und das Hackfleisch darin krümelig anbraten. Ingwer und Sojasauce zugeben und einkochen, eventuell mit Salz abschmecken und auf dem Gemüse verteilen. Chili-Öl und -flakes ebenfalls auf Suppenschalen verteilen. Währenddessen die Nudeln nach Packungsanweisung kochen. Die Brühe erhitzen. Nudeln auf die Schüsseln verteilen, die Brühe darüber gießen und alles mit Frühlingszwiebeln bestreuen. Am Tisch gut durchmischen.

Diese würzig-scharf gekochten und dann gebratenen Lammhaxen schmecken nicht nur hervorragend, sie lassen sich auch bestens vorbereiten und machen optisch viel her – für viele Hot Spot-Gäste ist dies das beste Lamm schlechthin.

FÜR 4 PORTIONEN
ZUBEREITUNGSZEIT CA. 110 MINUTEN

2 Lammhaxen
1 Frühlingszwiebel, nur das Grün
2 ½ mittelgroße Zwiebeln
3 große Knoblauchzehen
4-5 EL Rapsöl
1 EL Sambal Oelek*
1 EL Breitebohnenpaste*
2 Sternanise
6 getrocknete rote Chilischoten*
1 TL fermentierte schwarze Bohnen*
2 EL dunkle Sojasauce
2 EL Reiswein*
2 EL helle Sojasauce
Salz
½ kleine rote Paprikaschote
½ kleine grüne Paprikaschote
3 frische Chilischoten*
1 TL gemahlener Kreuzkümmel
1 gestr. TL Chiliflakes*

AUSSERDEM
Rapsöl zum Frittieren

Lammhaxen waschen, in einem Topf mit kaltem Wasser bedecken und einmal richtig zum Kochen bringen. Abschütten, unter fließendem kalten Wasser abspülen und gut abtropfen lassen. Frühlingszwiebelgrün putzen, waschen und in Ringe schneiden, Zwiebeln schälen, Zwiebelhälfte in Streifen und die restlichen Zwiebeln in Würfel schneiden. Knoblauchzehen schälen und mit der breiten Seite des Küchenbeils andrücken.
1 EL Öl in einem großen Schmortopf erhitzen. Frühlingszwiebelgrün und Zwiebelstreifen kurz anschwitzen, Sambal Oelek, Bohnenpaste, Sternanise, getrocknete Chilis und Bohnen zugeben und unter Rühren kurz anbraten. Dunkle Sojasauce und Reiswein zugeben, durchschwenken und sehr kurz einkochen. 1 l heißes Wasser sowie helle Sojasauce und 1 TL Salz dazugeben und alles gut mischen. Die Lammhaxen in den Fond legen, evtl. mehr Wasser zugeben, damit sie bedeckt sind. Zum Kochen bringen, den Deckel auflegen und ca. 1 Stunde leise köcheln lassen. Aus dem Fond nehmen (so lassen sich die Haxen bis zu 2 Tage im Kühlschrank abgedeckt aufheben).
Paprikaschoten putzen, waschen und in ca. ½ cm große Würfel schneiden. Chilischoten waschen und mit einer Schere in Röllchen schneiden. Reichlich Öl zum Frittieren erhitzen und die etwas abgetrockneten Haxen darin ca. 3 Minuten frittieren, sodass sie durch und durch warm und außen ganz leicht knusprig sind. Herausnehmen und auf Küchenpapier abtropfen lassen. Gleichzeitig das restliche Öl im Wok erhitzen, Zwiebelwürfel, Paprika und Chili darin unter Rühren anschwitzen, mit ½ TL Kreuzkümmel, Chiliflakes und etwas Salz würzen.
Lammhaxenfleisch vom Knochen lösen und längs in breite Streifen schneiden, am Knochen in der ursprünglichen Form anrichten. Das Fleisch mit dem restlichen Kreuzkümmel und Salz würzen, das Zwiebelgemüse darauf anrichten.

孜然羊腿

LAMMHAXE MIT ZWIEBELN, KREUZKÜMMEL UND CHILI

蒜辣鸡块

Ein Gericht, das in ganz China sehr beliebt ist. Das Hähnchen wird roh mit den Knochen in kleine mundgerechte Stücke gehackt, sodass es beim Frittieren genau die „knurpselige" Konsistenz annimmt, die Chinesen so gerne mögen. Sehr, sehr lecker … auch einfach so als Häppchen zum Wein geknabbert.

HÄHNCHEN MIT KNOBLAUCH UND CHILI

FÜR 4 KLEINE PORTIONEN
ZUBEREITUNGSZEIT CA. 30 MINUTEN
STANDZEIT CA. 15 MINUTEN

1 küchenfertiges Hähnchen (ca. 1 kg)
3 EL helle Sojasauce
Salz
60 g frischer Ingwer
8 große Knoblauchzehen
3 Frühlingszwiebeln, ohne das Grün
2 rote Chilischoten*
6 EL Chili-Öl (s. S. 199)
10 getrocknete rote Chilischoten*
1 EL Reiswein*

AUSSERDEM
Rapsöl zum Frittieren

Hähnchen waschen. Flügelspitzen, Hals und Bürzel abschneiden (der Brühetopf freut sich!), dann entlang des Rückgrats halbieren. Die Flügelknochen und die Keulen abtrennen und, wie auch die Brust, mit dem Küchenbeil mitsamt den Knochen in kleine, mundgerechte Stücke von ca. 3 cm zerteilen, wenn möglich quer zu den Knochen. In einem Sieb unter fließendem kaltem Wasser nochmals waschen, um das Blut zu entfernen, gut abtropfen lassen und dabei ein wenig ausdrücken. Mit 2 EL Sojasauce und ½ TL Salz mischen, ca. 15 Minuten marinieren.
Ingwer und Knoblauch schälen und in ca. ½ cm dicke Scheiben schneiden. Frühlingszwiebeln putzen, waschen und in 2 cm lange Stücke schneiden. Chili waschen und mit einer Schere in dünne Röllchen schneiden.
Reichlich Öl zum Frittieren erhitzen, die Hähnchenteile aus der Marinade nehmen, gut abtropfen lassen und ein erstes Mal goldgelb frittieren. Herausnehmen und auf Küchenpapier abtropfen lassen.
Chili-Öl im Wok erhitzen, Ingwer, Knoblauch, Frühlingszwiebeln und getrocknete Chili darin unter Schwenken schnell anbraten – dabei die Fenster öffnen oder den Dunstabzug einschalten: Die Chilischärfe steigt in Augen und Hals! Währenddessen das Hähnchen ein zweites Mal ca. 30 Sekunden frittieren, dann ein drittes Mal, sodass es ganz knusprig und goldbraun wird. Anschließend zum Gemüse in den Wok geben, mit der restlichen Sojasauce und dem Reiswein würzen. Bei starker Hitze durchschwenken und die Flüssigkeit reduzieren. Zum Schluss mit 1 Spritzer Öl abglänzen und servieren.

Wer dieses eigentlich sehr einfach zuzubereitende, elegante Gericht tatsächlich für 4 Personen servieren möchte, wird vermutlich mit zwei Dämpfern arbeiten müssen. Aber es lohnt sich. Es ist allerdings wichtig, dass das Öl bereits heiß ist, wenn der Fisch aus dem Dampf kommt und es sofort nach der Sojasauce über den Fisch geträufelt wird. Aus chinesischer Sicht ist übrigens der Kopf der beste und begehrteste Teil eines Fischs.

WOLFSBARSCH, GEDÄMPFT, MIT INGWER, FRÜHLINGSZWIEBELN UND SOJASAUCE

FÜR 4 PORTIONEN
ZUBEREITUNGSZEIT CA. 30 MINUTEN

50 g frischer Ingwer
6 Frühlingszwiebeln
Eiswasser
¼ rote Paprikaschote
4 kleine Portions-Wolfsbarsche, ausgenommen und geschuppt
1 EL Salz
2 EL Rapsöl
2 EL helle Sojasauce

Ingwer schälen, in Scheiben und die Hälfte davon wiederum in feine Streifen schneiden. Frühlingszwiebeln putzen und waschen, 4 davon in ca. 2 cm lange Stücke, die beiden restlichen längs in sehr feine Streifen schneiden. Die Streifen in Eiswasser legen, damit sie sich kringeln. Paprika putzen, waschen und in ganz feine Streifen schneiden.

Dämpfer vorbereiten (s. S. 153). Fische gründlich innen und außen waschen. Haut und Fleisch quer zur Mittelgräte in 1 cm großen Abständen einschneiden und mit Salz einreiben. Fische auf Teller oder Platten legen, die in den/die Dämpfer passen, Ingwerscheiben und Frühlingszwiebelstücke darüber verteilen und ca. 10 Minuten im heißen Dampf garen.

Währenddessen das Öl sehr stark erhitzen, es muss richtig rauchen. Die Fische aus dem Dampf nehmen, Ingwer und Frühlingszwiebelstücke schnell abnehmen und durch die Gemüsestreifen ersetzen. Die Fische mit Sojasauce und sofort danach mit dem heißen Öl beträufeln – das ergibt wie bei den gedämpften Austern (s. S. 153) ein Aroma wie beim Frühlingszwiebelöl von Seite 199 – und überdeckt den aus chinesischer Sicht strengen Fischgeruch. Sofort servieren.

清蒸鲈鱼

土豆烧牛肉

Eine Art Schmorragout mit Rindfleisch und Kartoffeln, das sich sehr gut vorbereiten lässt und traditionell, sagt Herr Wu, in großen Tontöpfen zubereitet wird. Das Fleisch dafür darf nicht zu mager sein, sonst ist das Ergebnis zu trocken.

HEISSER TOPF MIT RINDFLEISCH UND KARTOFFELN

FÜR 4 PORTIONEN
ZUBEREITUNGSZEIT CA. 1 ½ STUNDEN

500 g Rinderbauch ohne Knochen
2 Frühlingszwiebeln
30 g frischer Ingwer
1 EL Rapsöl
1 l Hühnerbrühe (s. S. 198)
1 Sternanis
Zucker
4 EL dunkle Sojasauce
350 g festkochende Kartoffeln
2 Stängel Koriander

AUSSERDEM
Rapsöl zum Frittieren

Fleisch waschen, in ca. 1 ½ cm große Würfel schneiden, mit kaltem Wasser bedecken und einmal richtig zum Kochen bringen. Abschütten, unter fließendem kaltem Wasser abspülen und gut abtropfen lassen.
Frühlingszwiebeln putzen, waschen und schräg in dünne Ringe, Ingwer schälen und in dünne Scheiben schneiden. Öl in einem Schmortopf erhitzen, Ingwer und Frühlingszwiebeln kurz anschwitzen und Brühe dazugießen. Fleisch, Sternanis, 2 TL Zucker und Sojasauce zugeben und alles zum Kochen bringen. Mit einem Deckel verschließen und ca. 1 Stunde leise köcheln lassen.
Kartoffeln schälen und in ca. 1 cm dicke Rauten schneiden, mit kaltem Wasser abspülen. Reichlich Öl zum Frittieren erhitzen und die abgetrockneten Kartoffeln darin ca. 2 Minuten goldgelb frittieren. Auf Küchenpapier abtropfen lassen, zum Rindfleisch geben und ca. 10 Minuten mitkochen. Der Fond sollte dann gut eingekocht sein, das Ragout aber nicht zu trocken. Evtl. mit einigen Spritzern Öl mischen, damit es schön glänzt.
Koriander waschen, trocken schütteln und mit den Stängeln grob hacken. Das Ragout erneut mit etwas Zucker abschmecken und mit Koriander bestreut servieren.

Dieses Gericht klingt beinahe wie ein Klischee der chinesischen Küche in Deutschland. Doch handelt es sich erstens um einen weitverbreiteten Klassiker, und zweitens offenbart sich so der Abgrund, der zwischen europäisierter Pseudo-Chinaküche und sorgfältigen, klassischen Zubereitungen wie im Hot Spot klafft.

SCHWEINEBAUCH, FRITTIERT, SÜSSSAUER

锅包肉

FÜR 4 PORTIONEN
ZUBEREITUNGSZEIT CA. 40 MINUTEN

1 mittelgroßer Pak Choi*
55 g Kartoffelstärke
2 Eier
600 g Schweinebauch ohne Schwarte in sehr dünnen Scheiben (dafür am besten anfrieren)
2 EL Rapsöl
Salz
150 ml Hühnerbrühe (s. S. 198)
3 EL Zucker
100 ml Chinkiang-Essig*
80 ml dunkle Sojasauce
1 TL geröstete Sesamsamen

AUSSERDEM
Rapsöl zum Frittieren

Pak Choi putzen, waschen und in ca. 3 cm breite Streifen schneiden. 1 TL Kartoffelstärke mit etwas Wasser anrühren und beiseitestellen. Eier mit etwas Wasser und der restlichen Kartoffelstärke verrühren. Das Fleisch dazugeben und gut mischen. Reichlich Öl zum Frittieren erhitzen. Die Fleischscheiben einzeln ins heiße Fett gleiten lassen, sodass sie nicht zusammenkleben. Zwischendurch vorsichtig bewegen und wenden, damit sie gleichmäßig garen. Nach ca. 3-4 Minuten herausnehmen, dann ein zweites Mal ca. 3 Minuten frittieren, sodass sie knusprig werden. Herausnehmen, auf Küchenpapier abtropfen lassen und warm stellen.
Öl im Wok erhitzen, Pak Choi darin anschwenken, vorsichtig mit 1 Prise Salz würzen und auf einer Platte oder Tellern anrichten.
Brühe, Zucker, Essig und Sojasauce im Wok auf- und etwas einkochen und mit der angerührten Kartoffelstärke binden. Den frittierten Schweinebauch einschwenken, sodass die Streifen wie lackiert aussehen. Neben dem Pak Choi anrichten und alles mit Sesam bestreut servieren.

Anders als bei uns, wird in China solch eine klare Suppe am liebsten als Abschluss einer umfangreichen Mahlzeit in kleinen Schälchen serviert und genossen. Der einfache, schlichte Geschmack beruhigt die Sinne nach der Schärfe und den vielen Aromen.

KLARE RETTICH-SUPPE MIT RIPPCHEN

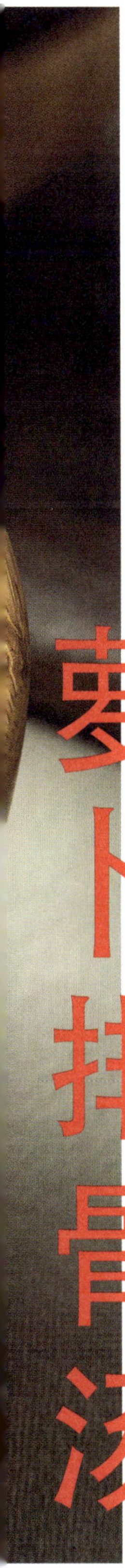

萝卜排骨汤

FÜR 4 KLEINE PORTIONEN
ZUBEREITUNGSZEIT CA. 1 ½ STUNDEN

400 g Schweinerippchen
30 g frischer Ingwer
Salz
½ mittelgroßer weißer Daikon-Rettich (ca. 200 g)
1 mittelgroße Karotte

Die Rippchen waschen, in einzelne Streifen schneiden und möglichst einmal quer halbieren (am besten den Fleischer darum bitten). Mit kaltem Wasser aufsetzen und einmal richtig aufkochen. Abschütten, unter fließendem Wasser abspülen und gut abtropfen lassen. Ingwer schälen und in Scheiben schneiden. Rippchen mit 2 l Wasser, 1 TL Salz und dem Ingwer zum Kochen bringen und ca. 1 Stunde leise köcheln lassen.
Rettich und Karotte putzen, schälen und in ca. 1 cm dicke Streifen, diese wiederum in lange Rauten schneiden. Nach ca. 1 Stunde zu den Rippchen geben und noch ca. 15 Minuten weiterköcheln. Zum Schluss vorsichtig mit Salz abschmecken und in kleinen Schälchen servieren.

Wie auch die Teigtaschen gehören die mit Sesampaste gefüllten Klebreisbällchen zu den chinesischen Neujahrstraditionen. Wie hier zu Weihnachten oder in den USA zu Thanksgiving fahren alle Chinesen zu Neujahr nach Hause zu ihrer Familie. Früher wurde dann über Tage hinweg zusammen diese (nicht sehr süß schmeckende) Süßspeise zubereitet. Für den weißen Teig wird Reis sehr lange eingeweicht und dann im Mörser gerieben, der Sesam geröstet und ebenfalls gerieben. Dann wird geformt, gerollt und gekocht... Das Ergebnis schmeckt natürlich wesentlich besser als wenn man gemahlenes Klebreismehl und vor allem bereits gemahlenen Sesam kauft, der ähnlich wie Mohn sehr schnell ranzig und bitter wird. Es lohnt sich also durchaus, zumindest den Sesam selber zu rösten und im Mörser grob zu zerstoßen.

FÜR 4 PORTIONEN (16 BÄLLCHEN)
ZUBEREITUNGSZEIT JE NACH ÜBUNG CA. 30 MINUTEN BIS 1 STUNDE
STANDZEIT CA. 1 STUNDE

25 g schwarzer Sesam, trocken geröstet und zerstoßen
25 g Zucker
20 g Schweineschmalz
150 g Klebreismehl

AUSSERDEM
Klebreismehl zum Bearbeiten

Für die Füllung in einer Schüssel Sesam und Zucker mischen. Schmalz leicht erwärmen und mit dem Sesamzucker zu einer Paste verrühren. Diese auf einem flachen Teller oder kleinen Blech mit einem Löffel zu einem Quadrat von ca. 6 x 6 cm ausstreichen und mindestens 1 Stunde kühl stellen. Dann in 16 Stücke schneiden, die man mit den Fingern zu Kugeln rollt und nochmals kalt stellt, während man den Klebreisteig zubereitet.

Für die Bällchen etwas Klebreismehl auf der Arbeitsfläche aufhäufen, in die Mitte eine Mulde drücken. 150 ml lauwarmes Wasser nach und nach hineingießen, dabei rühren und allmählich mit dem Mehl mischen. Es soll ein elastischer, sehr glatter, formbarer und nicht klebender Teig entstehen. Zu einer ca. 2 ½ cm dicken Rolle formen, die man in 16 etwa walnussgroße Stücke schneidet. Jeweils ein Stück Teig in die Hand nehmen und mit Zeigefinger und Daumen zu einer Art Hütchen formen. Eine Sesampastenkugel hineindrücken, die Ränder darüberziehen und zusammendrücken, dabei das Bällchen rund rollen. Es ist wichtig, dass die Füllung ganz umschlossen wird. Auf einen mit Klebreismehl bestäubten Teller setzen (so können die Bällchen auch vorbereitet und gekühlt oder eingefroren werden).

Zum Servieren einen großen Topf mit reichlich Wasser zum Kochen bringen und die Bällchen nacheinander hineingeben. Ca. 15 Minuten sehr leise sprudelnd kochen, damit sie nicht kaputt gehen. In kleinen Schälchen im Kochwasser servieren, das man ganz leicht süßen kann.

芝麻汤圆

KLEBREISBÄLLCHEN, GEKOCHT, MIT SCHWARZER SESAMPASTE-FÜLLUNG

Slender West Lake, Yangzhou.

DIE WEINRUNDE TRIFFT SICH, HERR WU SERVIERT VOR ALLEM MILDERE GERICHTE

VORSPEISEN

AUSTERN, GEDÄMPFT
RETTICH, EINGELEGT
WÜRZ-TOFU IN STREIFEN MIT SELLERIE
ROTBARSCH, FRITTIERT UND MARINIERT
GEBRATENE TEIGTASCHEN
WANTAN-SUPPE

HAUPTGÄNGE

ENTE MIT TEEBLÄTTERN, GERÄUCHERT
LAMMFLEISCH MIT ZWIEBELN
KNUSPERREIS MIT GARNELEN, RIND, HUHN UND GEMÜSE
SCHWEINEBAUCH, ROTGESCHMORT
GRÜNE BOHNEN MIT KNOBLAUCH, KURZGEBRATEN
FRITTIERTES ROTBARSCHFILET MIT SÜSSSAUER SAUCE
CHINAKOHL UND EI MIT INGWER IN HÜHNERBRÜHE

DESSERT

ÄPFEL MIT GOLDENEN FÄDEN

清蒸生蚝

Sehr fein und eine schöne Alternative für all jene, die keine rohen Austern mögen (die Herr Wu wie die meisten Chinesen grundsätzlich ablehnt). Je größer der Dämpfer, desto mehr Austern bringt man unter. Der Effekt des heißen Öls ist ähnlich wie beim Frühlingszwiebelöl und sorgt für eine ganz besondere Aromatik.

AUSTERN, GEDÄMPFT

FÜR 4 PORTIONEN
ALS KLEINE VORSPEISE
ZUBEREITUNGSZEIT CA. 30 MINUTEN

12 frische Austern
1 Frühlingszwiebel
2 EL Rapsöl
1 EL helle Sojasauce

Den Dämpfer vorbereiten und erhitzen. Dafür lässt sich auch der Wok oder ein flacher Topf mit einem entsprechenden Bambusaufsatz umfunktionieren. Dieser Aufsatz sollte so groß sein, dass er innen direkt mit dem Topfrand abschließt (und darunter genügend Platz für Wasser bleibt) und einen eigenen Deckel haben. Oder man stellt ihn auf eine flache Schüssel in den Topf, gießt fingerhoch Wasser darunter und verschließt mit einem passenden Topfdeckel.

Die Austern öffnen und auf eine Platte oder einen Teller setzen. Die Frühlingszwiebel putzen, waschen und in feine Ringe schneiden.

Die Austern in den Dämpfer stellen und je nach Größe ca. 3-5 Minuten garen. In der Zwischenzeit das Öl sehr stark erhitzen; es muss richtig rauchen.

Die Austern herausnehmen, Frühlingszwiebelringe und jeweils wenige Tropfen Sojasauce darauf verteilen, dann sofort mit dem sehr heißen Öl beträufeln, sodass es richtig zischt und Sojasauce und Frühlingszwiebeln duften. Sofort servieren.

Eingelegten Rettich gibt es auch fertig im Asialaden zu kaufen. Dort ist er mit Kurkuma knallgelb gefärbt. Zu Hause macht er sich aber so nebenbei und ist zusammen mit ein paar Nüssen und Kroepoek (Krabbenchips) ein wunderbarer Snack zu einem Glas Riesling als Aperitif.

RETTICH, EINGELEGT

FÜR 4 PORTIONEN ALS SNACK
ZUBEREITUNGSZEIT CA. 20 MINUTEN
STANDZEIT CA. 5 STUNDEN
UND 3 TAGE

1 großer weißer Daikon-Rettich
1 mittelgroße Karotte
Salz
30 g frischer Ingwer
1 EL Sambal Oelek*
2 EL Tafelessig
1 TL Zucker

Rettich und Karotte putzen, schälen, in ca. 5 cm lange Stücke und diese wiederum der Länge nach in knapp 1 cm breite Stäbchen schneiden.

Beides mit 2 EL Salz mischen und bei Zimmertemperatur ca. 5 Stunden ziehen lassen. Dann in ein Sieb schütten, unter fließendem kaltem Wasser abspülen und sehr gut abtropfen lassen.
Ingwer schälen und in sehr feine Streifen schneiden, mit Sambal Oelek, Essig, 3 EL Wasser und Zucker mischen, den Rettich damit marinieren. Eventuell noch etwas salzen, es sollte aber vor allem süß-scharf-sauer schmecken. Vor dem ersten Genuss abgedeckt ca. 3 Tage im Kühlschrank ziehen lassen.

腌萝卜

芹菜丝拌豆干

Eine unkomplizierte Vorspeise aus Shanghai. Der Würztofu ist bereits in Sojasauce, Salz und Zucker eingelegt, sieht daher außen braun aus und ist fester in der Konsistenz. Es gibt ihn vakuumiert im Asialaden. Man kann dieses Gericht mit oder ohne Chili zubereiten – keine Überraschung: Herr Wu mag es scharf.

WÜRZ-TOFU IN STREIFEN MIT SELLERIE

FÜR 4 PORTIONEN ALS VORSPEISE
ZUBEREITUNGSZEIT CA. 20 MINUTEN

4 Stangen Staudensellerie (ca. 200 g)
1 rote Chilischote*, nach Geschmack
200 g Würztofu*
Salz
3 EL helle Sojasauce
1 EL geröstetes Sesamöl
2 Spritzer Chinkiang-Essig*

Staudensellerie putzen, waschen, der Länge nach in ca. 5 cm lange Stücke und diese wiederum in dünne Streifen schneiden. Reichlich Wasser aufkochen und die Selleriestreifen darin kurz bissfest garen, herausnehmen und abtropfen lassen. Chili waschen und mit einer Schere in dünne Röllchen schneiden. Tofustücke in ca. ½ cm dicke Streifen schneiden und mit dem Sellerie in eine Schüssel geben. Mit 1 Prise Salz, Sojasauce, Sesamöl und Essig würzen und mischen, nach Geschmack Chili untermischen. Sofort servieren.

Eine kalte Vorspeise mit dem verführerischen Duft von Ingwer, Sternanis und Zimt… Bratfisch auf Chinesisch! Durch das Frittieren wird der Fisch fester. Er muss mindestens 24 Stunden marinieren, hält sich im Kühlschrank aber bis zu drei Tage. Herr Wu mag dieses Gericht gerne weniger süß als allgemein in China üblich.

ROTBARSCH, FRITTIERT UND MARINIERT

FÜR 4 PORTIONEN ALS VORSPEISE
ZUBEREITUNGSZEIT CA. 15 MINUTEN
STANDZEIT CA. 24 STUNDEN

30 g frischer Ingwer
4 Frühlingszwiebeln, nur das Weiße
500 g Rotbarschfilet
450 ml Hühnerbrühe (s. S. 198)
2 Sternanise
4 getrocknete rote Chilischoten*
1 Zimtstange
1 EL helle Sojasauce
½ EL Zucker
50 ml Reiswein*
Salz

AUSSERDEM
Rapsöl zum Frittieren

Ingwer schälen und in dünne Scheiben schneiden. Frühlingszwiebeln putzen, waschen und mit der flachen Seite des Küchenbeils anschlagen. Fisch waschen und trocken tupfen.
Reichlich Öl zum Frittieren erhitzen, die Rotbarschfilets darin portionsweise von beiden Seiten je ca. 1 Minute frittieren, sodass sie goldbraun und fest sind. Mit einem Schaumlöffel herausnehmen und auf Küchenpapier abtropfen lassen.
Brühe mit allen anderen Zutaten aufkochen und mit Salz abschmecken: Die Marinade soll süßsalzig und nur leicht scharf schmecken. Den Fisch darin einmal aufkochen, alles zusammen in eine Schüssel geben und ca. 24 Stunden im Kühlschrank marinieren lassen.
Zum Servieren aus der Marinade nehmen und längs in ca. 1 cm breite Streifen schneiden.

上海熏鱼

锅贴

Teigtaschen lassen sich nicht nur kochen, sondern auch braten. Dabei heißt es sehr genau aufzupassen: Sie dürfen nicht verbrennen, aber die Füllung muss gut durchgaren.

GEBRATENE TEIGTASCHEN

FÜR 4 PORTIONEN (ETWA 24 STÜCK)
ZUBEREITUNGSZEIT JE NACH ÜBUNG 1 BIS 2 STUNDEN

250 g Weizenmehl
20 g frischer Ingwer
80 g Chinakohl*, nur die weichen Blätter
1 Frühlingszwiebel, nur das Grün
200 g Schweinehackfleisch
2 ½ EL dunkle Sojasauce
1 EL helle Sojasauce
1 Ei
4 EL Rapsöl
Salz

Die Teigtaschen genauso wie im Rezept für gekochte Teigtaschen (s. S. 76) beschrieben zubereiten.
2 EL Öl in einer großen flachen Pfanne erhitzen, die Teigtaschen hineinsetzen und knapp fingerhoch Wasser zugießen. Bei mittlerer Hitze mit einem Deckel ca. 10 Minuten leise kochen, dabei aufpassen, dass das Wasser nicht vorzeitig einkocht. Die Teigtaschen ggf. portionsweise zubereiten.Den Deckel abnehmen, das Wasser verdampfen lassen und die Taschen mit etwas Öl beträufeln. Die Pfanne wieder verschließen und nochmals ca. 2 Minuten braten lassen. Dabei die Pfanne schwenken, damit sie gleichmäßig Farbe annehmen. Mit Essig und Sojasauce, und nach Belieben mit Chili servieren.

Wenn man Brühe und Wantans auf Vorrat zubereitet und einfriert, dann ist dies eine wirklich schnell zubereitete Suppe, die unendlich viel besser schmeckt als alle Fertigprodukte.

WANTAN-SUPPE

FÜR 4 PORTIONEN
ZUBEREITUNGSZEIT CA. 15 MINUTEN
(OHNE BRÜHE UND WANTANS)

20 g frischer Ingwer
100 g Chinakohl*, nur die weichen Blätter
1 Frühlingszwiebel, nur das Grün
2 EL Salzkohl*
16 Wantans zum Kochen (s. S. 28)
500 ml Hühnerbrühe (s. S. 198)
Salz
1 TL dunkle Sojasauce

Ingwer schälen und fein hacken, Chinakohl putzen, waschen und in mundgerechte Stücke reißen. Frühlingszwiebelgrün putzen, waschen und in Ringe schneiden. Salzkohl unter fließendem kaltem Wasser abspülen, ausdrücken und grob hacken. Reichlich Wasser zum Kochen bringen und die Wantans ca. 3 Minuten leise sprudelnd kochen. Brühe mit Ingwer erhitzen und mit 1 Prise Salz und Sojasauce abschmecken, Chinakohl dazugeben. Salzkohl und Wantans in Schalen verteilen, Brühe mit dem Chinakohl darübergießen und mit Frühlingszwiebelgrün bestreuen.

馄饨汤

ENTE MIT TEEBLÄTTERN, GERÄUCHERT

樟茶鴨

Die mit grünem Tee geräucherte Ente ist ein äußerst elegantes Gericht. Sie ist nicht nur ein Sichuan-Klassiker, sondern gehört auch zu den Hot Spot-Spezialitäten. Kaum einem Chinesen würde es einfallen, sich daran in der heimischen Küche zu versuchen, doch für unternehmungslustige Küchen-Abenteurer versuchen wir hier trotzdem eine Anleitung. Das Vorgaren der Ente ist ein separater Vorgang und daher weiter unten aufgeführt. Zum Räuchern kann man ein Gitter auf eine kleine, umgedrehte Metallschüssel in den Wok legen, die Ente sollte einige Zentimeter über den Räucherzutaten liegen.

ENTE MIT TEEBLÄTTERN, GERÄUCHERT

FÜR 2 PORTIONEN (1 ENTE)
ZUBEREITUNGSZEIT CA. 30 MINUTEN (WENN DIE ENTE BEREITS GEKOCHT UND VORBEREITET IST)

Einige trockene Zypressen- oder Tannenzweige
1 Tasse Reis
½ Tasse grüne Teeblätter
1 vorgegarte Ente, mit unbeschädigter Haut
Rapsöl zum Frittieren

Den Wok mit einer doppelten Schicht Alufolie auslegen. Die Zweige darauf verteilen, darüber den Reis und die Teeblätter streuen. Ein Gitter einige Zentimeter über dem Räuchergut platzieren und die Ente mit der Brustseite nach oben darauflegen. Den Wok mit einem Deckel verschließen und auf die Kochstelle setzen. Wenn sich richtig Rauch entwickelt hat, die Kochstelle ausschalten und alles ca. 5 Minuten räuchern. Bis zu diesem Punkt lässt sich die Ente vorbereiten und im Kühlschrank auch über Nacht aufbewahren. Besser schmeckt das Endergebnis jedoch, wenn die Ente sofort weiter verarbeitet wird.
Dazu reichlich Öl zum Frittieren erhitzen. Die Ente aus dem Räucherwok nehmen und mit dem Küchenbeil der Länge nach halbieren. Die Hälften ca. 5 Minuten nicht zu heiß frittieren, bis das Fleisch heiß ist und die Haut rotbraun glänzt. Herausnehmen, mit der Hautseite nach oben kurz auf Küchenpapier abtropfen lassen und filetieren: Mit zwei schrägen, flachen Schnitten Flügel und den unteren Teil der Keule abtrennen, dann am Rückgrat entlang von innen die Karkasse vom Fleisch trennen. Ebenfalls von innen (die Haut soll so weit wie möglich unbeschädigt bleiben!) den oberen Keulenknochen entfernen. Mit dem Fleisch nach unten in senkrechte, ca. 1 cm breite Streifen schneiden und in der ursprünglichen Entenform auf einem Teller anrichten. Die dicken Enden von Bein und Flügel ebenfalls mit einigen Schnitten versehen und daranlegen.

GEGARTE ENTEN

FÜR 2 ENTEN
ZUBEREITUNGSZEIT CA. 1½ STUNDEN

150 g Salz
180 ml dunkle Sojasauce
90 ml helle Sojasauce
3 Zimtstangen (ca. 15 g)
3 Sternanise (ca. 15 g)
2 Enten (à ca. 1,8 kg)

5 l Wasser mit allen Würzzutaten in einem großen Topf mischen, aufkochen und ca. 15 Minuten köcheln lassen. Um die Enten vorzubereiten: Flügelknochen und Hälse abschneiden. Die Enten in den Würzfond geben. Sie sollten möglichst ganz bedeckt sein, ansonsten müssen sie nach der Hälfte der Kochzeit gewendet werden. Mit einem Deckel verschließen und ca. 1 Stunde köcheln lassen. Die Enten sollen ganz durchgekocht sein. Das testet man am besten, indem man in die Innenseite der Schenkel sticht. Das Fleisch soll weich sein, darf aber keinesfalls verkochen. Aus dem Fond nehmen und erkalten lassen.

Für dieses Gericht muss die Hitzezufuhr wirklich stark sein, damit das Fleisch nicht anfängt zu kochen. Selbst die Profis im Hot Spot arbeiten mit zwei Woks im Wechsel, weil das Gas nicht stark genug ist, um bei all dem Rühren und Schwenken die Hitze zu halten – der Dampf muss immer mit Rauch vermischt sein und leicht grau aussehen. Deshalb ist es auch einfacher, eine kleinere Menge zuzubereiten.

LAMMFLEISCH MIT ZWIEBELN

葱爆羊肉

FÜR 4 PORTIONEN
ZUBEREITUNGSZEIT CA. 20 MINUTEN

4 große Zwiebeln
4 rote Chilischoten*
2 Frühlingszwiebeln
1 Stängel Koriander
50 ml Rapsöl
600 g Lammschulter (ohne Knochen oder Haut), in sehr dünnen Scheibchen (am besten das Fleisch dafür anfrieren)
150 ml dunkle Sojasauce

Zwiebeln schälen und in Streifen schneiden, Chili waschen und mit einer Schere in feine Röllchen schneiden. Frühlingszwiebeln putzen, waschen und schräg in dünne Ringe schneiden, Koriander waschen, trocken schütteln und mit den Stängeln grob hacken.

Öl im Wok sehr stark erhitzen, Fleisch, Zwiebeln und Chili unter ständigem Rühren und Schwenken braten. Wenn Fleisch und Zwiebeln beginnen Farbe anzunehmen, Sojasauce einschwenken und weiterbraten, bis alles zusammen sirupartig karamellisiert. Frühlingszwiebeln und Koriander kurz mitschwenken, dann anrichten.

KNUSPERREIS MIT GARNELEN, RIND, HUHN UND GEMÜSE

三鲜锅吧

Ein nach Yuxiang-Art „fisch-duftig" mit Chili, Ingwer und Knoblauch gewürztes, buntes Allerlei, das durch den knusprig gerösteten Puffreis einen ganz besonderen Effekt bekommt. Herr Wu sagt, früher hätten sie als Kinder den Reis, der beim Kochen am Boden des Woks angebacken war, in Öl knusprig gebraten und mit Salz gegessen. Heute lässt man gekochten Reis extra trocknen (er lässt sich dann auch aufbewahren). Beim Servieren den Reis unbedingt erst am Tisch zu Fleisch und Gemüse geben, damit alle das lustige, zischende Geräusch hören, das dabei entsteht.

FÜR 4 PORTIONEN
ZUBEREITUNGSZEIT CA. 30 MINUTEN
STANDZEIT CA. 25 BIS 48 STUNDEN

250 g gekochter, körniger Reis
1 rote Paprikaschote
1 grüne Paprikaschote
100 g Ananas
150 g Chinakohl*, nur die festen Rippen
16 geschälte, rohe Garnelen (ca. 240 g)
30 g frischer Ingwer
3 Knoblauchzehen
1 TL Kartoffelstärke
300 ml Rapsöl
200 g Rinder-Oberschale, in sehr dünnen Scheibchen (am besten das Fleisch dafür anfrieren)
200 g Hühnerbrustfilet ohne Haut, in sehr dünnen Scheibchen (am besten das Fleisch dafür anfrieren)
1 ½ EL Sambal Oelek*
400 ml Hühnerbrühe (s. S. 198)
1 ½ EL Chinkiang-Essig*
1 EL Zucker
1 EL dunkle Sojasauce

Reis auf einem Blech ausbreiten und bei Raumtemperatur mindestens 24, besser 48 Stunden trocknen. Dabei gelegentlich mit den Fingern durchmischen, wenden und eventuelle Klumpen weitgehend zerdrücken.
Gemüse und Ananas putzen und in ca. ½ cm dicke Scheiben und dann in ca. 3 cm große Würfel schneiden. Garnelen am Rücken längs einschneiden, dabei ggf. den Darm entfernen. Ingwer und Knoblauch schälen und fein hacken. Kartoffelstärke mit etwas kaltem Wasser anrühren.
Öl im Wok erhitzen. Zuerst das Fleisch unter Rühren und Schwenken anbraten, dann Gemüse, Ananas und Garnelen zugeben, ca. 1 Minute weiterschwenken und braten. Alles in ein Sieb schütten, das Öl dabei in einer Pfanne auffangen. Etwa 1 EL davon wieder im Wok erhitzen, darin Sambal Oelek, Ingwer und Knoblauch anschwitzen. Mit der Brühe aufgießen und mit Essig, Zucker und Sojasauce würzen. Die Flüssigkeit etwas einkochen, Gemüse und Fleisch wieder dazugeben. Kartoffelstärke untermischen, alles durch- und einkochen, mit einem Spritzer Öl abglänzen und anrichten.
Die Pfanne mit dem Öl erhitzen, den Reis hineingeben und goldbraun rösten – das geht sehr schnell! Mit einem Schaumlöffel herausnehmen, auf Küchenpapier kurz abtropfen und auf Teller verteilen. Darauf Fleisch und Gemüse anrichten – knusper knusper!

Beinahe ein chinesisches Nationalgericht, das oft auch als Maos Lieblingsgericht bezeichnet wird. Einfach zu machen, super lecker und vor allem: gut vorzubereiten! Das Fleisch wird langsam und lange mit Sojasauce und Gewürzen geschmort, wobei Sternanis das wichtigste Aroma ist. Chinesen beschreiben die Farbe der Sojasauce, die das Fleisch dabei annimmt, als rot, daher der Name des wunderschön glänzenden Gerichts. Die Zubereitungsart lässt sich auch auf andere Fleischarten übertragen.

SCHWEINEBAUCH, ROTGESCHMORT

FÜR 4 REICHLICHE PORTIONEN
ZUBEREITUNGSZEIT CA. 2 STUNDEN

1 kg Schweinebauch mit Schwarte
50 g frischer Ingwer
3 Frühlingszwiebeln
1,3 l Hühnerbrühe (s. S. 198)
100 ml dunkle Sojasauce
50 g Zucker
100 ml Reiswein*
2 Sternanise
1 getrocknete rote Chilischote*
1 TL Salz

Fleisch waschen, leicht trocken tupfen und mit der Schwarte in ca. 3 cm große Würfel schneiden. In einem Topf mit kaltem Wasser bedecken und zum Kochen bringen. Den Schweinebauch ca. 15 Minuten kochen, abschütten, unter fließendem kaltem Wasser abspülen und abtropfen lassen.
Ingwer waschen und mit der breiten Seite des Küchenbeils anschlagen. Frühlingszwiebeln putzen und waschen.
Brühe, ganze Frühlingszwiebeln, Ingwer, Sojasauce, Zucker, Reiswein, Sternanise, Chili und Salz in einem entsprechenden Topf mischen. Fleisch dazugeben und ca. 1 Stunde leise köcheln lassen. Dabei gelegentlich umrühren, damit das Fleisch nicht am Topfboden anbrennt.Dann das Fleisch mit dem Schaumlöffel in eine Schüssel schöpfen. Ingwer und Frühlingszwiebeln entfernen. Den Fond weiter einkochen, bis er beinahe sirupartig in der Konsistenz ist, das Fleisch wieder zugeben, darin erwärmen und glasieren.

红烧肉

干煸豆角

Die Bohnen werden in Öl langsam gar gebraten, bis die Haut ein wenig schrumpelig aussieht. Das ist zwar zeitaufwendig, schmeckt aber viel besser und saftiger, als wenn man sie (wie in vielen Restaurants aus Bequemlichkeit der Fall) frittiert. Herr Wu verwendet am liebsten breite Bohnen, die aber jung und zart sein müssen; sonst sind grüne Bohnen vorzuziehen.

GRÜNE BOHNEN MIT KNOBLAUCH, KURZGEBRATEN

FÜR 4 PORTIONEN ALS BEILAGE
ZUBEREITUNGSZEIT CA. 20 MINUTEN

4 große Knoblauchzehen
300 g grüne oder breite Bohnen
100 ml Rapsöl
Salz

Knoblauch schälen und in ca. 3 mm dicke Scheiben schneiden. Bohnen waschen, putzen und in ca. 5 cm lange Stücke schneiden.
Öl im Wok erhitzen und die Bohnen unter Rühren und Schwenken halbfertig braten. Die Bohnen mit einem Schaumlöffel herausnehmen, das Öl beinahe vollständig abgießen. In dem restlichen Öl den Knoblauch anbraten, salzen, die Bohnen zurück in den Wok geben und unter Schwenken und Rühren mitbraten, bis sie bissfest sind, ein wenig schrumpelig aussehen und der Knoblauch (den man nicht zwangsläufig mit isst) goldgelb ist.

Der Fisch wird für dieses Gericht auf eine ganz spezielle Art eingeschnitten, sodass er sich in lauter Spitzen aufwölbt, wie eine Blüte, die die in der Sauce glänzenden Gemüse wie Edelsteine aufnimmt …

FRITTIERTES ROTBARSCHFILET MIT SÜSSSAUER SAUCE

FÜR 4 PORTIONEN
ZUBEREITUNGSZEIT CA. 1 STUNDE
STANDZEIT 1 STUNDE

8 getrocknete Mu-Err-Pilze*
½ mittelgroße rote Paprikaschote
½ mittelgroße grüne Paprikaschote
8 weiße Champignons
4 Rotbarschfilets (ca. 500 g)
2 ½ EL Kartoffelstärke
300 ml Hühnerbrühe (s. S. 198)
4 EL Zucker
4 EL Chinkiang-Essig*
3 EL dunkle Sojasauce

AUSSERDEM
Rapsöl zum Frittieren

Mu-Err-Pilze mit kochendem Wasser überbrühen und ca. 1 Stunde einweichen, dann abschütten, abspülen und abtropfen lassen. Die Pilze ggf. halbieren und harte Stiele entfernen. Paprikaschoten und Champignons putzen, waschen und zusammen mit den Pilzen in ca. ½ cm große Stücke schneiden.
Von den Rotbarschfilets ggf. die braune (tranig schmeckende) Fettschicht dünn abschneiden. Die Filets auf diese Seite legen. Mit einem scharfen Messer den Fisch schräg in Abständen von ca. 1 cm rautenförmig einschneiden, aber keinesfalls durchschneiden. Dabei das Messer sehr flach halten, sodass die Schnitte nicht senkrecht durch die Filets verlaufen, sondern schräg, wie die Seiten eines flachen V oder Fischschuppen. Die Filets auf beiden Seiten gründlich mit 2 EL Kartoffelstärke bestreuen und mit den Fingern auch in die Einschnitte reiben. Öl erhitzen und den Fisch ca. 1 Minute goldgelb frittieren; dabei wölben sich die Filets auf wie eine Blüte. Auf Küchenpapier abtropfen lassen.
Brühe im Wok erhitzen, gehacktes Gemüse, Zucker, Essig und Sojasauce zugeben und sehr schnell leicht einkochen. Restliche Kartoffelstärke mit wenig Wasser anrühren und die Sauce damit binden; sie soll glänzen und leicht siruppartig fließen. Fischfilets ein zweites Mal ca. 30 Sekunden frittieren, auf Küchenpapier abtropfen lassen, auf Tellern anrichten und mit der Sauce begießen.

糖醋浇汁鱼

鸡蛋扒白菜

Eine gute Hühnerbrühe ist bei diesem Rezept besonders wichtig, um Ingwer und Ei als Grundlage zu dienen. Dann ist dies ein äußerst schmackhaftes Essen, das an einem kalten Wintertag genauso wärmt, wie es einen nach einem weinerfüllten, langen Abend wieder aufbaut.

CHINAKOHL UND EI MIT INGWER IN HÜHNERBRÜHE

FÜR 4 KLEINE PORTIONEN
ZUBEREITUNGSZEIT CA. 30 MINUTEN

60 g frischer Ingwer
200 g Chinakohl*, nur die weichen Blätter
3 Eier
2 EL Rapsöl
600 ml Hühnerbrühe (s. S. 198)
Salz

Ingwer schälen und in sehr dünne Streifen schneiden. Chinakohl waschen, trocken schütteln und mit den Händen in mundgerechte Stücke reißen. Eier mit einer Gabel verquirlen – Herr Wu benutzt dazu Stäbchen.
Öl im Wok erhitzen und Eier hineingießen. Ein großes, dünnes Omelett backen, dabei durch Schwenken das Innere, noch flüssige Ei immer weiter am Rand hochlaufen lassen. Wenn die gesamte Masse verteilt und fest ist, das Omelett wenden, Ingwerstreifen darauf verteilen und mit der Kelle ein wenig andrücken. Immer weiter kreisend leicht schwenken und nochmals wenden, sodass es von beiden Seiten goldgelb wird. Dann mit der Kelle zerreißen.
Chinakohl, Brühe und 1 gute Prise Salz zugeben. Hitze reduzieren, ca. 5 Minuten köcheln, nochmals mit Salz abschmecken und in Schüsseln anrichten.

Ein Dessert mit Show-Effekt, das sofort serviert werden sollte und ein bisschen Übung verlangt. Die Äpfel lassen sich bis zum ersten Frittieren vorbereiten – und mit dem gleichen Teig kann man natürlich auch Bananen ausbacken.

ÄPFEL MIT GOLDENEN FÄDEN

FÜR 4 PORTIONEN
ZUBEREITUNGSZEIT CA. 30 MINUTEN
STANDZEIT CA. 30 MINUTEN

80 g Weizenmehl
50 g Kartoffelstärke
10 g Backpulver
1 ½ TL Rapsöl
3 feste, säuerliche Äpfel
200 g Zucker
Sesam

AUSSERDEM
Rapsöl zum Frittieren

Mehl, Stärke und Backpulver in einer Schüssel mischen und mit ca. 130 ml kaltem Wasser zu einem glatten, dickflüssigen Ausbackteig verrühren. Zum Schluss ½ TL Öl untermischen und den Teig ca. 30 Minuten ruhen lassen.

Reichlich Öl zum Frittieren erhitzen. Äpfel schälen, entkernen und in Viertel schneiden, diese wiederum quer halbieren. Die Äpfel durch den Teig ziehen und portionsweise zweimal ca. 2 Minuten frittieren – beim ersten Mal garen sie, beim zweiten Mal werden sie knusprig. Auf Küchenpapier abtropfen lassen.

Zucker mit dem restlichen Öl unter Rühren erhitzen, bis der Zucker flüssig und goldbraun ist. Die fertig frittierten Äpfel dazugeben und schwenken, um sie vollständig mit dem Karamellzucker zu überziehen, dann alles in eine flache Schüssel füllen und mit dem Sesam bestreuen.

Mit Stäbchen die Apfelstücke einzeln aufnehmen und hoch in die Luft heben, damit der Karamell, der die Äpfel umgibt, möglichst lange Fäden zieht. Dann kurz in Eiswasser tauchen, sodass der Karamell fest wird. Sofort servieren.

拔丝苹果

In der Wasserstadt Zhouzhuang.

DAS KOCHT HERR WU ZU HAUSE FÜR SICH UND SEINE FAMILIE

VORSPEISEN

EIERFLADEN
FLEISCHBÄLLCHEN-SUPPE
TEE-EIER
KARTOFFELSTREIFEN

HAUPTGÄNGE

SCHWEINEFÜSSCHEN MIT SOJABOHNEN, GEKOCHT
EIERREIS MIT GARNELEN, GEMÜSE UND DONG-GU
SALZGEMÜSE MIT HACKFLEISCH UND GETROCKNETEN MINIFISCHEN, GEBRATEN
NUDELSUPPE NACH ART DES HERRN WU

Klingt banal, schmeckt aber großartig – ob als Frühstück, zum Tee oder zum Wein. Wichtig ist Geduld beim Braten, denn der Eierfladen soll gut durchgegart sein, damit er den Mehlgeschmack verliert und braune Flecken bekommt, also ein paar Röstaromen erhält. Lässt sich natürlich auch wie Flädle in dünnen Streifen in Brühe essen. Im rustikaleren Norden Chinas, sagt Herr Wu, backt man solche Eierfladen pur und isst sie um rohe Frühlingszwiebeln gewickelt.

EIERFLADEN

煎饼

FÜR 1 GROSSEN DÜNNEN FLADEN
ZUBEREITUNGSZEIT CA. 15 MINUTEN

1 Frühlingszwiebel, nur das Grün
1 Ei
2 EL Wasser
1 gestr. EL Kartoffelstärke
1 gestr. EL Weizenmehl
¼ TL Chiliflakes*
1 gute Prise Salz
2 EL Rapsöl

Frühlingszwiebelgrün putzen, waschen und in dünne Ringe schneiden. Ei mit allen Zutaten inklusive dem Frühlingszwiebelgrün (aber ohne das Öl) glatt rühren.
Die Hälfte des Öls im Wok erhitzen, die Eiermasse hineingießen und durch langsames Drehen des Woks den Rand hinauf zu einem dünnen Fladen formen. Die Hitze reduzieren und immer wieder einige Tropfen Öl am Rand des Woks entlangträufeln und den Fladen leicht in Bewegung halten. Wenn er auf der Unterseite zu bräunen beginnt, mit beherztem Schwung wenden und diese Seite gleichermaßen braten. So etwa zwei- bis dreimal im Wechsel die Seiten jeweils ca. 1 Minute braten, bis beide Seiten eine goldbraune Farbe angenommen haben.
Auf einem Brett wie eine Pizza in Zwölftel schneiden – und sofort genießen!

Herr Wu und Frau Wang haben früher auch einen Shanghai-Imbiss im Norden Berlins betrieben, und Herr Wu erzählt, sein persönliches Lieblingsessen war damals eine Nudelsuppe aus dem Fond der Fleischbällchen, nachdem er mittags 20 Portionen darin gekocht hat. Sicher hat er dann noch mit Chili gewürzt …

FLEISCHBÄLLCHEN-SUPPE

FÜR 4 PORTIONEN
ZUBEREITUNGSZEIT CA. 30 MINUTEN
STANDZEIT CA. 1 STUNDE

4 getrocknete Mu-Err-Pilze*
40 g frischer Ingwer
100 g Schweinehackfleisch
Salz
1 ½ EL dunkle Sojasauce
1 EL helle Sojasauce
1 Eigelb
50 g Chinakohl*, nur die weichen Blätter
1 Frühlingszwiebel, nur das Grün
2 EL Salzkohl*
4 weiße Champignons
500 ml Hühnerbrühe (s. S. 198)

Mu-Err-Pilze mit kochendem Wasser überbrühen und ca. 1 Stunde einweichen, dann abschütten, abspülen und abtropfen lassen. Die Pilze ggf. halbieren und harte Stiele entfernen. Ingwer schälen und fein hacken. Für die Fleischmasse die Hälfte des Ingwers mit dem Hackfleisch, ½ TL Salz, je 1 EL Sojasauce und dem Eigelb sehr gut mischen. Kräftig abschmecken, die Bällchen laugen im Kochwasser geschmacklich etwas aus.
Reichlich Wasser zum Kochen bringen. Aus der Fleischmasse ca. 3 cm große Bällchen formen. Für Geübte funktioniert diese Methode: etwas Fleischmasse in die Hand nehmen, eine Faust darum formen und das Fleisch mit den Fingern durch die runde Öffnung zwischen Zeigefinger und Daumen drücken. Mit etwas Übung entstehen auf diese Weise runde Bällchen von knapp 3 cm Durchmesser, ansonsten muss man sie nachrollen. Im leise sprudelnden Wasser ca. 5 Minuten garen (die Bällchen lassen sich auch gut auf Vorrat zubereiten, tiefkühlen und dann direkt kochen).
Für die Suppe Chinakohl waschen und in mundgerechte Stücke reißen. Frühlingszwiebelgrün putzen, waschen und in Ringe schneiden, Salzkohl unter fließendem kaltem Wasser abspülen, ausdrücken und grob hacken. Champignons putzen, je nach Größe, halbieren oder vierteln.
Brühe mit dem übrigen Ingwer erhitzen und mit ½ TL Salz und restlicher Sojasauce abschmecken, Chinakohl und Pilze dazugeben. Salzkohl und Fleischbällchen in Schalen verteilen, Brühe mit Chinakohl und Pilzen darüber schöpfen und mit dem Frühlingszwiebelgrün bestreuen.

肉丸汤

Die braun gekochten, leicht salzigen Tee-Eier sind ein beliebter Snack, besonders in der kalten Jahreszeit. Dann stehen an vielen Straßenecken und an Ausflugszielen die Händler mit ihren kleinen Öfchen, in denen die Eier vor sich hinbrodeln und nicht nur stärken, sondern einem beim Pellen auch die Hände wärmen. Mit Wachteleiern (bei denen die Garzeiten entsprechend kürzer sind) wird daraus aber auch ein sehr dekorativer Party-Snack. Die Eier schmecken am nächsten Tag besser als frisch gekocht und halten sich mehrere Tage im Kühlschrank.

TEE-EIER

茶叶蛋

FÜR 10 EIER
ZUBEREITUNGSZEIT CA. 2 STUNDEN
STANDZEIT MINDESTENS 24 STUNDEN

10 Eier
30 g frischer Ingwer
1 Frühlingszwiebel
125 ml dunkle Sojasauce
20 g grüne Teeblätter
1 Sternanis
1 geh. EL Salz

Eier hart kochen und abschrecken. Ingwer waschen und in Scheiben schneiden, Frühlingszwiebel putzen, waschen und in große Stücke schneiden. 2 l Wasser in einem ausreichend großen Topf mit allen anderen Zutaten mischen. Die Schale der Eier mit dem Löffelrücken rundherum leicht anschlagen, sodass sich beim Kochen eine braune Marmorierung bildet. In den Fond legen, zum Kochen bringen und ca. 1 ½ Stunden leise köcheln lassen. Im Fond erkalten lassen.

Deutschland ist Kartoffelland, aber diese Zubereitungsart ist wirklich ungewöhnlich; nämlich knackig und doch weich, mit Röstaromen und doch nicht braun. Die Kartoffeln sollten frisch und mit der Hand aufgeschnitten werden. Benutzt man hier eine Küchenmaschine, schmeckt das Ergebnis ganz anders, sagt Herr Wu. Und wenn in der Küche viel zu tun ist, serviert er dieses Gericht tatsächlich nur guten Stammgästen, weil es sich nicht vorbereiten lässt.

KARTOFFEL-STREIFEN

炝炒土豆丝

FÜR 4 KLEINE PORTIONEN
ZUBEREITUNGSZEIT CA. 30 MINUTEN

500 g festkochende große Kartoffeln
3 EL Rapsöl
2 TL Sichuan-Pfeffer*
2 getrocknete rote Chilischoten*
Salz

Kartoffeln schälen und schräg erst in dünne Scheiben und diese dann in ca. 2 mm dünne Streifen schneiden. In kaltem Wasser ca. 5 Minuten wässern, dann abspülen, gut abtropfen lassen und mit Küchenpapier trocken tupfen.

Öl im Wok erhitzen, Sichuan-Pfeffer darin anschwenken, um das Öl zu aromatisieren, dann den Pfeffer mit einem Schaumlöffel entfernen und entsorgen (nur Sichuan-Chinesen können das mitessen, sagt Herr Wu). Getrocknete Chili und Kartoffeln in den Wok geben, bei sehr starker Hitze ca. 2 Minuten schwenken und rühren, ohne dass die Kartoffeln Farbe annehmen. Sie sollen gar sein, aber noch Biss haben. Leicht salzen und sofort servieren.

黃豆炖猪腳

Ein Winter-Familien-Essen, das in China als besonders gesund gilt, weil es viel Kollagen enthält, das sich auf den Lippen ein wenig klebrig anfühlt. Herr Wu isst es auch gerne kalt, dann geliert die Brühe zur Sülze (das Fett setzt sich dabei oben ab und wird nicht mitgegessen). Natürlich sind die vielen Knöchlein und die Schwarte für chinesische Esser ein großes Vergnügen. Die Schweinefüße lässt man sich am besten vom Fleischer halbieren und in 3-4 cm große Stücke hacken.

SCHWEINEFÜSSCHEN MIT SOJABOHNEN, GEKOCHT

FÜR 4 REICHLICHE PORTIONEN
ZUBEREITUNGSZEIT CA. 2 STUNDEN

500 g getrocknete Sojabohnen,
über Nacht in kaltem Wasser eingeweicht
2 Schweine-Spitzfüße in handlichen Stücken
50 g frischer Ingwer
Salz

Fleisch waschen, mit kaltem Wasser bedeckt zum Kochen bringen und einmal richtig aufkochen. Abschütten, unter fließendem kaltem Wasser abspülen und abtropfen lassen.
Ingwer waschen und mit der breiten Seite des Küchenbeils anklopfen. Fleisch und Ingwer in einem nicht zu kleinen Topf mit reichlich heißem Wasser bedecken und zum Kochen bringen. Mit einem Deckel verschließen und leise köcheln.
Nach ca. 30 Minuten die eingeweichten Sojabohnen dazugeben und mitkochen. Gelegentlich umrühren, damit das Fleisch nicht am Boden ansetzt. Wenn Fleisch und Bohnen nach ca. 1 Stunde schön weich sind, den Fond sehr zurückhaltend mit Salz abschmecken und heiß servieren.

Das Gegenteil von Sichuan-Schärfe und kräftigen Röstaromen. Die Kunst liegt darin, die richtige Balance zwischen saftig und trocken zu finden und dabei nicht zu viel, aber auch nicht zu wenig Öl zu verwenden.

EIERREIS MIT GARNELEN, GEMÜSE UND DONG-GU

FÜR 4 PORTIONEN
ZUBEREITUNGSZEIT CA. 30 MINUTEN
(MIT FERTIG GEKOCHTEM REIS)
STANDZEIT CA. 1 STUNDE

8 getrocknete, mittelgroße Dong-Gu-Pilze* (Shiitake)
1 große Karotte
1/3 Salatgurke
16 geschälte rohe Garnelen (ca. 240 g)
500 ml Hühnerbrühe (s. S. 198)
3 EL Rapsöl
4 Eier
600 g gekochter, körniger Reis
Salz

Pilze mit kochendem Wasser überbrühen und ca. 1 Stunde einweichen, dann abschütten, abspülen und abtropfen lassen und die Stiele entfernen. Karotte schälen, Gurke waschen. Alles in ca. ½ cm große Würfel, die Garnelen in etwas größere Würfel schneiden.
Die Brühe erhitzen und alles darin einmal schnell aufkochen, in ein Sieb schütten und sehr gut abtropfen lassen (die Brühe lässt sich durch Wasser ersetzen, aber das Ergebnis ist weniger aromatisch).

Öl im Wok erhitzen. Eier verquirlen, ins Öl gießen und durch Schwenken zu einem relativ dicken Fladen verteilen. Ca. 30 Sekunden braten, dann Gemüse und Garnelen daraufgeben, alles durchschwenken und mit der Kelle drückend und schiebend das Ei zerkleinern. Nach weiteren 30 Sekunden den Reis mit in den Wok geben, etwaige Klumpen mit der Kelle zerdrücken, alles durchschwenken und ca. 1 Minute braten. Vorsichtig mit Salz abschmecken und auf Tellern servieren.

扬州炒饭

SALZGEMÜSE MIT HACKFLEISCH UND GETROCKNETEN MINI-FISCHEN, GEBRATEN

横路炒三鲜

Herr Wu isst diese scharfsalzige Mischung am liebsten mit Reissuppe, auch Congee genannt. Das ist entweder sehr lange in Wasser verkochter Reis, oder schneller, die Reste aus dem Reiskocher vom Vortag, die mit Wasser zu einer dünnen Suppe verkocht werden. Früher gab es den Congee jeden Morgen zum Frühstück, sagt Herr Wu, aber auch zum Schnaps nach dem Abendessen. Jeder kann ihn würzen wie er möchte, mit Frühlingszwiebelstreifen, gehackten Pidan, Chili – oder diesem Salzgemüse.

FÜR 4 PORTIONEN
ZU REIS ODER NUDELN
ZUBEREITUNGSZEIT CA. 20 MINUTEN

1 kleine Dose Salzkohl* (Einwaage 200 g)
½ kleine Dose Salzrettich* (der zusätzlich zum Salz mit Chili und Gewürzen eingelegt ist, Einwaage 340 g)
1 Frühlingszwiebel
3 rote Chilischoten*
4 EL Rapsöl
130 g Schweinehackfleisch
2 EL Reiswein*
2 EL dunkle Sojasauce
50 g getrocknete, gesalzene Mini-Fische
1 TL Chiliflakes*

Salzgemüse unter fließendem kaltem Wasser gründlich abspülen, gut abtropfen lassen und grob hacken. Frühlingszwiebel putzen, waschen und schräg in dünne Ringe schneiden. Chili waschen und mit einer Schere in dünne Röllchen schneiden.
2 EL Öl im Wok erhitzen und Hackfleisch darin krümelig anbraten. Mit Reiswein und dunkler Sojasauce würzen, weiterbraten und rühren, um die Flüssigkeit weitgehend einzukochen, dann in eine Schüssel geben.
1 EL Öl im Wok erhitzen. Frühlingszwiebel und Chili unter Schwenken kurz anbraten, das Salzgemüse zugeben und ca. 1 Minute gründlich mitbraten. Dann das Fleisch mit dem evtl. gebildeten Fond zugeben, weiterbraten und schwenken. Wiederum in eine Schüssel geben. Das restliche Öl im Wok erhitzen und die Fische darin sehr schnell unter Schwenken und Rühren goldgelb braten. Gemüse und Fleisch sowie Chiliflakes dazugeben, nochmals gut durchbraten, zur warmen Reissuppe oder zu Nudeln servieren.

Die könnte ich jeden Tag essen, sagt Herr Wu, der diese Suppe auch am liebsten selbst kocht. Für Ungeübte ist es nicht einfach, lange Nudeln aus einer heißen, scharfen Brühe zu essen! Es hilft, wenn man sich dabei den chinesischen Gepflogenheiten anpasst und die Nudeln richtig schlürft …

NUDELSUPPE NACH ART DES HERRN WU

雪菜汤面

FÜR 4 PORTIONEN
ZUBEREITUNGSZEIT CA. 20 MINUTEN

1 kleine Dose Salzkohl* (Einwaage 200 g)
½ kleine Dose Salzrettich* (eingelegt in Chili und Gewürzen, Einwaage 340 g)
4 Frühlingszwiebeln
8 rote Chilischoten*
300 g dünne Weizennudeln*
2 EL Rapsöl
150 g Schweinehackfleisch
3 EL Sambal Oelek*
2 ½ EL dunkle Sojasauce
600 ml Hühnerbrühe (s. S. 198)
Salz

Salzgemüse in einem Sieb unter fließendem kaltem Wasser abspülen, gut abtropfen lassen und grob hacken. Frühlingszwiebeln putzen, waschen und schräg in dünne Ringe schneiden. Chili waschen und mit einer Schere in dünne Röllchen schneiden. Nudeln nach Packungsanweisung kochen. Öl im Wok erhitzen, Frühlingszwiebeln, Chili und Hackfleisch mit 2 EL Sambal Oelek unter Rühren und Schwenken anschwitzen, mit ½ EL Sojasauce aromatisieren. Auf Suppentellern verteilen, Nudeln darauf anrichten. Brühe im Wok zum Kochen bringen, mit 1 EL Sambal Oelek, 2 EL Sojasauce und Salz abschmecken und über die Nudeln gießen. Am Tisch gut mischen.

GRUNDREZEPTE

Die allgegenwärtige Geschmacksgrundlage im glutamatfreien Hot Spot ist die Hühnerbrühe (für Nicht-Fleischesser lässt sie sich durch eine kräftige Gemüsebrühe ersetzen). Die erste Aufgabe des Frühdienstes lautet deshalb jeden Tag: Zwei oder drei Suppenhühner in den Topf, reichlich Wasser darauf, ein paar Frühlingszwiebeln dazu und kochen, kochen, kochen, dabei regelmäßig abschäumen. Nach zwei Stunden gilt das Ergebnis als einsatzbereit. Und steht dann neben den Wok-Kochstellen, um mit der Kelle schnell daraus zu schöpfen. Macht jeglichen Glutamateinsatz überflüssig.

Beinahe ebenso wichtig wie die Brühe, zumindest für Herrn Wu. Und ganz einfach: Chiliflakes werden in Öl eingelegt. Das Ergebnis lässt sich entweder als Öl allein zum Aromatisieren einsetzen oder aber man nutzt zusätzlich die knusprige Wirkung der Flakes, was besonders in einer Nudelsuppe einen schönen Effekt macht. Aber Achtung: scharf, wirklich scharf!

Frühlingszwiebelöl ist ein gewürztes Öl, das sich auf Vorrat vorbereiten und mehrere Wochen im Kühlschrank aufbewahren lässt und auch in Salaten oder über Gemüse hervorragend schmeckt: Zwiebelaroma ohne Zwiebelnebeneffekt!

HÜHNERBRÜHE

FÜR CA. 1½ LITER
ZUBEREITUNGSZEIT CA. 2 STUNDEN

1 Suppenhuhn
3 Frühlingszwiebeln

Das Huhn waschen, Frühlingszwiebeln putzen und waschen. Beides zusammen in einem großen Topf mit reichlich kaltem Wasser bedecken und zum Kochen bringen. Mindestens 2 Stunden köcheln lassen, dabei am Anfang immer wieder abschäumen.

CHILI-ÖL

FÜR 250 ML ÖL
ZUBEREITUNGSZEIT CA. 10 MINUTEN
STANDZEIT CA. 24 STUNDEN

250 ml Rapsöl
25 g Chiliflakes*
(entweder als solche kaufen oder getrocknete Chilischoten* in der Küchenmaschine zerkleinern)

Öl und Chiliflakes in einem Topf mischen und langsam erwärmen, bis sich das Aroma entwickelt. Das dauert nicht sehr lange, ca. 5 Minuten, ansonsten verbrennt das Chili und schmeckt bitter. Vom Herd ziehen und ca. 24 Stunden bei Raumtemperatur stehen lassen.

FRÜHLINGS-ZWIEBELÖL

FÜR 200 ML ÖL
ZUBEREITUNGSZEIT CA. 15 MINUTEN

1 Bund Frühlingszwiebeln
30 g frischer Ingwer
150 ml Rapsöl

Frühlingszwiebeln putzen, waschen und in Röllchen schneiden. Ingwer schälen und fein hacken. Beides zusammen in eine Schüssel geben. Das Öl stark erhitzen und über Frühlingszwiebeln und Ingwer gießen. Erkalten lassen, dann in ein Sieb schütten, dabei das Öl auffangen und in eine Flasche füllen.

GLOSSAR

BAMBUS

Bambussprossen sind die Schösslinge der Rhizome der Bambuspflanzen. Sie gelten im Winter als besonders delikat, aromatisch und zart. Geschmack und Konsistenz liegen dann zwischen Artischockenböden und Spargel. Bei fehlendem Frischeangebot: In manchen Asialäden wird gefrorener Bambus angeboten, auch in Dosen gibt es gute Qualität, dann sollten die Sprossen vor dem Kochen abgespült werden.

CHILI-SCHOTEN

Die Hot Spot-Küche verwendet sehr viel getrocknete Chilischoten, die etwa so scharf wie die italienischen Peperoncini und ungefähr 4 cm lang sind. Sie werden mit einer Schere quer halbiert oder gedrittelt, da-bei ggf. auch der Stiel abgeschnitten. Wenn man sie in einem Gefäß schüttelt, fallen die Kerne, die nicht sehr fein schmecken oder aussehen, größtenteils heraus. Sichuan-Chili lässt sich durch (etwas weniger aromatische) thailändische Chili ähnlicher Länge ersetzen (die ganz kleinen Thai-Schoten hingegen sind zu scharf). Die verwendet Herr Wu auch, wenn er frische Chili braucht. Er benutzt grundsätzlich eine Schere, um frische Chilischoten in Röllchen zu schneiden. Das vermeidet höllisch-scharfe Finger und das Übertragen auf andere Gerichte. Außerdem kommt Chili in Form von getrockneten Flakes zum Einsatz, mit denen sich auch sehr einfach Chili-Öl herstellen lässt (s. S. 199).

CHILI- ODER BREITEBOHNENPASTE

Eine Chili-Würzpaste, die durch vergorene breite Bohnen zusätzliche Geschmackstiefe erhält. Die Beste kommt aus Pixian, mit noch deutlich erkennbaren breiten Bohnen; sie schmeckt salzig, scharf und sehr würzig. Was es im Glas zu kaufen gibt, ist oft weniger konzentriert, enthält meist mehr Sojabohnen als breite Bohnen und ist nicht zum Kochen gedacht, sondern um damit den Reis am Tisch zu würzen. Deshalb unbedingt selbst probieren!

CHINAKOHL, PAK CHOI, WASSERSPINAT

Chinakohl ist so allgegenwärtig, dass er auf Chinesisch Bai-Cai heißt, „weißes Gemüse", Pak Choi ist sein grünes Pendant. Für beide braucht man hierzulande meist gar nicht in den Asialaden zu gehen. Wasserspinat hingegen ist seltener, die hohlen Stängel werden zusammen mit den länglichen Blättern verwendet, er lässt sich durch Wurzelspinat ersetzen.

CHINKIANG-ESSIG

Essig hat in China eine sehr lange Tradition, wird aber im Norden häufiger verwendet als im Süden. Chinesischer Essig ist grundsätzlich milder in der Säure. Herr Wu verwendet zum Einlegen hiesigen weißen Tafelessig, zum Kochen hingegen den dunklen aromatischen Chinkiang-Essig. Er wird aus Klebreis und Weizenkleie hergestellt, schmeckt etwas rauchig und passt auch gut als Dip zu gekochten Teigtaschen.

FERMENTIERTE SCHWARZE BOHNEN

Dafür werden getrocknete gelbe Sojabohnen oder schwarze Bohnen eingeweicht, gedämpft, dann über mehrere Monate vergoren und schließlich gewürzt. Zum Schluss sind sie total schwarz und jede einzelne ein Geschmackskonzentrat an herzhaftem Umami. Am besten vakuumiert kaufen, nicht eingelegt. Sie lassen sich in einem Plastikbehälter im Kühlschrank mehrere Monate aufheben, sollten stets sehr sparsam eingesetzt werden und lohnen das Experimentieren außerhalb der China-Küche, vor allem in Saucen.

GETROCKNETE PILZE

Herr Wu verwendet vor allem Dong-Gu (die hierzulande vor allem unter dem japanischen Begriff Shiitake bekannt sind) und Mu-Err, häufig als Morcheln bezeichnet; sehr selten auch die gelatinösen, quallenartigen weißen Yin-Err (Silberohren). Die besten Dong-Gu haben ein helles Kreuzmuster auf den Kappen, Mu-Err sollten in getrockneter Form sehr dünn, kräuselig und blau-schwarz aussehen. Beide weicht man eine knappe Stunde in kochend heißem Wasser ein, spült sie ab, drückt sie ein wenig aus und entfernt die Stiele sowie die harten, holzigen Teile. Das Gewicht verzehnfacht sich dabei. Eingeweichte Pilze halten sich im Kühlschrank ca. 3-5 Tage, man kann sie also auf Vorrat einweichen.

GEWÜRZE

Am wichtigsten sind im Hot Spot Sichuan-Pfeffer, Sternanis, Zimtstangen und Kreuzkümmel. Sichuan-Pfeffer sollte nur aus den dunkelrosa Samenhüllen bestehen. Die schwarzen, runden Samen sind nicht interessant und ein Zeichen minderer Qualität. Außerdem darf er nicht zu alt sein. Dann ist sein an Zitrus erinnernder Duft ebenso betörend wie die verzögert auftretende, die Zunge betäubende Schärfe. Er wird meist mit Chili kombiniert und die resultierende Würze wird als mala bezeichnet, betäubt-scharf. Herr Wu sagt, nur Sichuan-Chinesen könnten Sichuan-Pfeffer tatsächlich essen, meist wird im Hot Spot nur das Öl im Wok damit aromatisiert. Statt Zimtstangen verwendet man in China übrigens die etwas weniger intensiv schmeckende einheimische Cassiarinde.

INGWER, KNOBLAUCH, FRÜHLINGSZWIEBEL

Die allgegenwärtige Dreieinigkeit der Hot Spot-Küche. Der Ingwer muss frisch sein und sollte wie der Knoblauch am besten mit dem Messer geschnitten, anstatt im Blitzhacker gehackt werden, das schmeckt besser. Bei Frühlingszwiebeln möglichst dünne Stangen ohne ausgeprägte Zwiebeln verwenden; meist kommen grüne und weiße Partien getrennt zum Einsatz.

NUDELN

Das Nudelregal im Asialaden kann einen ziemlich verwirren. Herr Wu mag für seine Nudelsuppe am liebsten die gekräuselten, dünnen Mie-Nudeln aus Weizen und Eiern. Davon gibt es normale und vorgekochte Instantversionen, deshalb am besten immer nach der Anweisung auf der Packung zubereiten. Außerdem verwendet er im Hot Spot Glasnudeln aus Süßkartoffeln und dünne, lange Weizennudeln, beide werden nicht gekocht, sondern nur eingeweicht und dann erwärmt.

PIDAN

Die eingelegten Enteneier werden hierzulande meist als tausendjährig bezeichnet, aber das sind sie natürlich nicht. Sie werden vielmehr statt mit Hitze durch das Einlegen in alkaline Stoffe „gegart" (traditionell werden kalkhaltige Erden und Holzasche verwendet). Das Eiweiß wird dadurch transparent und dunkelbraun, der Dotter blaugrau. Je nach Alter (die Eier sind nach etwa drei Monaten verzehrfertig, aber mehrere Jahre haltbar) ist der Dotter noch cremig (und eher mild) oder fester und intensiv im Geschmack.

RAPSÖL

Rapsöl wird in Sichuan traditionell zum Kochen verwendet, weil es hoch erhitzbar ist und relativ (aber nicht vollständig) neutral schmeckt. Es lässt sich gut durch Sonnenblumenöl ersetzen, Olivenöl hingegen ist zu aromatisch.

REIS

Im Hot Spot besteht der Reis aus einer Mischung von zwei Teilen Langkornreis mit einem Teil thailändischem Duftreis und wird in zwei großen elektrischen Reiskochern zubereitet. Wer gerne Reis isst, sollte ernsthaft über die Anschaffung eines solchen Geräts nachdenken, es erleichtet das Leben wirklich ungemein. Wichtig ist aber, sagt Herr Wu, den Reis vorher immer sehr gründlich zu waschen, nämlich dreimal in kaltem Wasser.

REISWEIN

Chinesischer Kochwein (liao-jiu) enthält typischerweise 15 Vol.-% und wird aus Klebreis hergestellt. Der Bekannteste kommt aus Shaoxing, aber es gibt in jedem Asialaden eine Variante, die sich eignet.

SALZGEMÜSE

Salzgemüse ist unentbehrlich für die Nudelsuppe des Herrn Wu. Am wichtigsten sind eingesalzene, milchsauer vergorene Senfkohlblätter (Xue-Cai) und ebenso behandelter, aber zusätzlich mit Chili aromatisierter Rettich (Zha-Cai). Beides ist in Dosen oder vakuumiert erhältlich und muss grundsätzlich vor der Verwendung unter fließendem kaltem Wasser abgespült und dann ein wenig ausgedrückt werden.

SAMBAL OELEK

Die chinesische Würzpaste La Jiao Jiang kommt im Hot Spot unter der indonesischen Bezeichnung Sambal Oelek zum Einsatz, es handelt sich aber um die gleiche rote Chilischärfe. Allerdings gibt es beim Sambal Oelek ziemliche Unterschiede. Herr Wu benutzt eine sehr konzentrierte, extra scharfe Version. Was allgemein im Supermarkt angeboten wird, schmeckt zwar für europäische Gaumen auch scharf, ist aber etwas wässriger und vor allem saurer im Geschmack. Die Angaben in den Rezepten sind daher nur als Leitfaden anzusehen.

SESAMÖL

Das stark duftende Öl wird aus gerösteten Sesamsamen hergestellt und nicht zum Kochen als solches, sondern vor allem zum Würzen kalter Gerichte verwendet. Doch Vorsicht: Zu viel kann leicht penetrant wirken. Darauf achten, dass es sich wirklich um hundertprozentiges Sesamöl handelt und am besten im Kühlschrank aufbewahren, weil es leicht ranzig wird.

SESAMPASTE

Chinesische Sesampaste ist tendenziell etwas dunkler als das orientalische Tahin. Es lohnt sich, mit einer Mischung aus Tahin und Erdnussbutter zu experimentieren. Unbedingt vermeiden sollte man hingegen die fertige Sesamsauce, die aufdringlich süß schmeckt.

SOJASAUCE

Das Angebot an unterschiedlichen Arten und Marken von Sojasaucen kann durchaus verwirren. Generell gilt: hell bedeutet jünger, dünnflüssiger und ziemlich salzig, dunkel hingegen gereift, etwas süßlich und komplexer. Mit Ersterer wird dann auch vor allem gesalzen, während es bei Letzterer um Aroma und Farbe geht (in chinesischen Augen sieht Sojasauce übrigens rot aus). Doch all das variiert von Hersteller zu Hersteller. Deshalb: probieren!

TOFU

Auf Chinesisch heißt die weiße Masse aus vergorenen Sojabohnen eigentlich Dou-Fu, „vergammelte Bohnen". Die Bohnen werden dafür eingeweicht, gedämpft, zerrieben oder gemahlen, die entstehende Milch gefiltert und (wie beim Käse) zum Gerinnen gebracht. Abhängig vom Druck, der dann beim Pressen auf die entstehende Masse ausgeübt wird, erhält man festen und weichen Tofu, der in Wasser eingelegt angeboten wird. Herr Wu verwendet grundsätzlich die feste Variante, die weichere zerfällt leicht beim Kochen. Tofu als solcher schmeckt quasi neutral und ist daher eine perfekte Leinwand für Aromen und Gewürze. Als Würztofu ist er bereits in aromatisierter Sojasauce eingelegt (und noch stärker gepresst), außerdem gibt es vergorenen, sogenannten „Stinktofu". Mit Chili eingelegt schmeckt dieser hervorragend als Würze in der Suppe, über Gemüse, in Salatdressings oder als Aufstrich (auf Crostini!). Feiner und leicht süßlich ist die in rotem Reiswein marinierte „Stink"-Variante, die auch als roter Tofu bezeichnet wird.

REZEPTREGISTER